근현대 전법 선맥(傳法禪脈)

75조 경허 성우(鏡虛 惺牛) 전법선사

오도송

홀연히 콧구멍 없는 소 되라는 말끝에
삼천계가 내 집임을 단박에 깨달았네
유월의 연암산을 내려가는 길에서
일없는 야인이 태평가를 부르노라

忽聞人語無鼻孔
頓覺三千是我家
六月鷰岩山下路
野人無事太平歌

76조 만공 월면(滿空 月面) 전법선사

전법게

구름과 달, 산과 계곡이라, 곳곳에서 같음이여
선가의 나의 제자 수산의 큰 가풍일세
은근히 무문인을 그대에게 분부하니
이 기틀의 방편이 활안 중에 있노라

雲月溪山處處同
叟山禪子大家風
慇懃分付無文印
一段機權活眼中

* 제75조 경허 성우 전법선사 전함 / 제76조 만공 월면 전법선사 받음

77조 전강 영신(田岡 永信) 전법선사

전법게

불조도 전한 바 없어서
나 또한 얻은 바 없음을…
가을빛 저물어 가는 날에
뒷산의 원숭이가 울고 있네

佛祖未曾傳
我亦無所得
此日秋色暮
猿嘯在後峰

* 제76조 만공 월면 전법선사 전함 / 제77조 전강 영신 전법선사 받음

78대 농선 대원(弄禪 大圓) 전법선사

전법게

부처와 조사도 일찍이 전한 것이 아니거늘
나 또한 어찌 받았다 하며 준다 할 것인가
이 법이 2천년대에 이르러서
널리 천하 사람을 제도하리라

佛祖未曾傳
我亦何受授
此法二千年
廣度天下人

부송(付頌)

어상을 내리지 않고 이러-히 대한다 함이여
뒷날 돌아이가 구멍 없는 피리를 불리니
이로부터 불법이 천하에 가득하리라

不下御床對如是
後日石兒吹無孔
自此佛法滿天下

* 제77조 전강 영신 전법선사 전함 / 제78대 농선 대원 전법선사 받음

이 오도송과 전법게는 농선 대원 선사님께서 법리에 맞롭게 새롭게 번역한 것입니다.

불조정맥 제77조 대한불교 조계종 전강 대선사님께서는, 16세에 출가하여 23세 때 첫 깨달음을 얻고 25세에 인가를 받으셨다. 당대의 7대 선지식인 만공, 혜봉, 혜월, 한암, 금봉, 보월, 용성 선사님의 인가를 한 몸에 받으셨으며, 이 중 만공 선사님께 전법게를 받아 그 뒤를 이으셨다. 당대의 선지식들이 모두 극찬할 정도로 그 법이 뛰어나서 '지혜제일 정전강'이라 불렸다.

33세의 최연소의 나이로 통도사 조실을 하셨고, 법주사, 망월사, 동화사, 범어사, 천축사, 용주사, 정각사 등 유명선원 조실을 역임하시고 인천 용화사 법보선원의 조실로 일생을 마치셨다.

1975년 1월 13일, 용화사 법보선원의 천여 명 대중 앞에서 "어떤 것이 생사대사(生死大事)인고?" 자문한 후에 "악! 구구는 번성(飜成) 팔십일이니라."라고 법문한 뒤, 눈을 감고 좌탈입망하셨다.

다비를 하던 날, 화려한 불빛이 일고 정골에서 구슬 같은 사리가 무수히 나왔다. 열반하시기까지 한결같이 공안 법문으로 최상승법을 드날리셨으니 그 투철한 깨달음과 뛰어난 법, 널리 교화하기를 그치지 않으셨던 점에 있어서 한국 근대 선종의 거목이라 일컬어지고 있다.

불조정맥 제78대 농선 대원 전법선사님
– 전강대법회에서 법문 중 할을 하시는 모습

오로지 정법만을 깨닫기 서원합니다.

입을 열면 정법만을 설하기 서원합니다.

중생이 다하는 그날까지 교화하기 서원합니다.

– 농선 대원 전법선사의 3대 서원

불교 8대 선언문

불교는 자신에게서 영생을 발견하게 한 유일한 종교이다.
불교는 자신에게서 모든 지혜를 발견하게 한 유일한 종교이다.
불교는 자신에게서 모든 능력을 발견하게 한 유일한 종교이다.
불교는 자신에게서 모든 것을 이루게 한 유일한 종교이다.
불교는 자신에게서 극락을 발견하게 한 유일한 종교이다.
불교는 깨달으면 차별 없어 평등하다는 유일한 종교이다.
불교는 모든 억압 없이 자신감을 갖게 한 유일한 종교이다.
불교는 그러므로 온 누리에 영원할 만인의 종교이다.

- 농선 대원 전법선사 주창

전세계의 불교계에서 통일시켜야 할 일

경전의 말씀대로 32상과 80종호를 갖춘 불상으로 통일해야 한다.

예불 드리는 법을 통일해야 한다.

불공의식을 통일해야 한다.

- 농선 대원 전법선사 주창

2018년 이룬절 포천정맥선원 농선 대원 선사님의 법회

대방광불화엄경
大方廣佛華嚴經

제 34 권

십지품 ①
十地品

도서출판 문젠(구, 바로보인)은 정맥선원에서 운영하고 있습니다.

* 인제산(人濟山) 성불사(成佛寺) 국제정맥선원
  경기도 포천시 내촌면 소리개길 86-178 ☎ 031-531-8805 ☎ 010-6431-8805
* 인제산(人濟山) 이룬절 포천정맥선원
  경기도 포천시 내촌면 소리개길 86-123 ☎ 031-531-2433 ☎ 010-3880-8980
* 자모산(慈母山) 육조사(六祖寺) 청도정맥선원
  경북 청도군 매전면 동산리 산 50 ☎ 010-9800-6109
* 백양산(白楊山) 자모사(慈母寺) 부산정맥선원
  부산시 동래구 아시아드대로 114번길 10 대륙코리아나 2층 212호
  ☎ 051-503-6460 ☎ 010-2951-8667
* 광암산(光巖山) 성도사(成道寺) 광주정맥선원
  광주광역시 광산구 삼도광암길 34 ☎ 062-944-4088 ☎ 010-8670-1445
* 대통산(大通山) 대통사(大通寺) 해남정맥선원
  전남 해남군 화산면 송계길 132-98 중정마을 ☎ 061-536-6366 ☎ 010-8938-2438

바로보인 불법 ㊳

화 엄 경 34권

초판 1쇄 펴낸날 단기 4352년, 불기 3046년, 서기 2019년 1월 20일

역   저 농선 대원 선사
펴 낸 곳 도서출판 문젠(Moonzen Press)
         11192,경기도 포천시 내촌면 소리개길 86-178
         전화 031-534-3373 팩스 031-533-3387
신 고 번 호 2010.11.24. 제2010-000004호

윤 문 교 정 증연 강영미
편집 전자책 제작 도향 하가연
표 지 그 림 현정(玄楨)
인   쇄 가람문화사

도서출판문젠 www.moonzenpress.com
정 맥 선 원 www.zenparadise.com
사막화방지국제연대(IUPD) www.iupd.org

ⓒ 문재현, 2017. Printed in Seoul, Republic of Korea
값 15,000원
ISBN 978-89-6870-034-7 04220
ISBN 978-89-6870-000-2 (전81권)

華嚴十無頌 화엄십무송

- 농선 대원 선사

無相法性常顯前
상이 없는 법성은 언제나 드러나 있고

無性諸法如谷響
성품이 없는 모든 법은 골짜기에 메아리 같도다

無外作處是自在
밖이 없이 짓는 곳을 이 자재라 하는 것이니

無非華嚴大道場
화엄 대도량 아님이 없음이로다

無窮無盡光神通
궁구할 수 없고 다함 없는 광명의 신통에서

無不出生三千界
삼천대천세계가 나오지 않음이 없도다

無碍相卽大自在
걸림이 없이 서로 즉한 대자재여

無爲之法是日常
함이 없는 법이 일상이로다

無有定法隨狀況
정한 법 없어 상황을 따름이여

無上無爲妙菩提
위 없고 함이 없는 묘보리로다

바로보인 불법 ㊳

화엄경(華嚴經) 34권

농선 대원 선사 역저

二十六、십지품 (十地品) ①

서 문

가없이 크고 넓어 광대함이여!
모양 없는 그 가운데 본래 갖춤
증득한 지혜인이라야 아네

남섬부주 일체의 나툼이여
본래의 갖춤에 비하자면
천만억분의 일도 안 된다네

이러-히 온통 온통함이여!
모두 갖춘 본연한 이 장엄을
'대방광불화엄'이라 하네

단기(檀紀) 4345년
불기(佛紀) 3039년

무등산인 농선 대원
(無等山人 弄禪 大圓)

∾ 81권 화엄경 권과 품

차 례

일러두기

1. 화엄경 본문을 지나치게 세밀하게 나누어 긴 주해를 싣지 않은 것
   은 그로 해서 원문의 흐름이 끊어지게 되지 않을까 하는 우려에서이
   다. 이런 까닭에 다만 수없이 장고(長考)하며 최대한 원문에 충실하
   게 번역하고 각권의 마지막이나 각품의 마지막에만 결문(結文)을 더
   하였다. 화엄경 본문이 이치적으로 더할 나위 없이 샅샅이 불화엄의
   화장세계를 밝힌 것이라면 결문은 화엄경의 화장세계를 선(禪) 도
   리로 간략히 바로 끊어 보인 것이다. 이로써 경의 본뜻이 굴절 없이
   전달되어 화엄의 세계가 독자의 세계가 되기를 바란다.
2. 요즈음 화엄경을 접한 이들이 최고의 경전이라 불리는 화엄경 첫머
   리부터 '신(神)'이라는 호칭으로 기록된 분들이 많은 것을 보고 의
   아하게 생각하는 경우가 있다. 화엄경의 첫머리인 세주묘엄품을 보
   면 이 '신(神)'이라는 호칭으로 기록된 분들이 불보살님의 화현이거
   나 보살마하살의 경지에서 행하는 분들임을 알 수 있다. 이런 까닭
   에 이 책에서는 '신(神)'을 '천제(天帝)'로 번역하였다. 예를 들면, '집
   금강신'은 '집금강천제'로 의역하였다. 천제는 그 세계를 다스리고
   교화하는 분, 곧 깨달아, 삼매와 지혜와 덕과 신통과 방편과 변재를
   갖추어서 다스리고 교화하는 분을 말한다.
3. 미주는 *로 표시하였다.

二十六 십지품 ①

爾時 世尊 在他化自在天王宮摩尼寶藏殿 與大菩薩衆 俱
其諸菩薩 皆於阿耨多羅三藐三菩提 不退轉 悉從他方世
界來集 住一切菩薩智所住境 入一切如來智所入處 勤行
不息 善能示現種種神通 諸所作事 教化調伏一切衆生 而
不失時 爲成菩薩一切大願 於一切世一切劫一切刹 勤修
諸行 無暫懈息 具足菩薩福智助道 普益衆生 而恒不匱 到
一切菩薩智慧方便究竟彼岸

세존께서 타화자재천왕궁 마니보장전에서 다른 세계에서 온 여러 보살들과 함께 계시다

이때 세존께서 타화자재천왕궁의 마니보장전에서 큰 보살 대중과 함께 계셨다.

그 모든 보살은 다 아뇩다라삼먁삼보리에서 퇴전하지 않고 모두 다른 방위의 세계로부터 와서 모인 이들이니, 일체 보살의 지혜로 머무는 경계에 머무르고, 일체 여래의 지혜로 들어간 곳에 들어가며, 부지런히 행함을 쉬지 않아서 갖가지 신통을 잘 나타내 보이고, 모든 일을 행함에 일체 중생을 조복시키고 교화하되 때를 놓치지 않으며, 보살의 일체 대원을 이루기 위하여 일체 세간과 일체 겁과 일체 세계에서 모든 행을 부지런히 닦되 잠시도 게으름이 없고, 보살의 복과 지혜와 도를 돕는 법을 구족하여 널리 중생을 이익 되게 하되 항상 다함이 없으며, 일체 보살의 지혜 방편과 구경의 피안에 이르러

示入生死 及以涅槃 而不廢捨修菩薩行 善入一切菩薩禪
定解脫三昧三摩鉢底神通明智 諸所施爲 皆得自在 獲一
切菩薩自在神力 於一念頃 無所動作 悉能往詣一切如來
道場衆會 爲衆上首 請佛說法 護持諸佛正法之輪 以廣大
心 供養承事一切諸佛 常勤修習一切菩薩所行事業 其身
普現一切世間 其音 普及十方法界 心智無礙 普見三世 一
切菩薩 所有功德 悉已修行 而得圓滿 於不可說劫 說不能
盡

나고 죽음과 열반에 들어감을 보이되 보살의 행을 닦기를 버리지 않고, 일체 보살의 선정과 해탈과 삼매와 삼마발저와 신통과 밝은 지혜에 잘 들어가서 모든 베푸는 일에 다 자재함을 얻으며, 일체 보살의 자재한 위신력을 얻어 온통인 생각으로 움직여 짓는다 할 것도 없으나 모두 일체 여래의 대중이 모인 도량에 가서 대중의 우두머리가 되어 부처님께 설법을 청하며 모든 부처님의 바른 법륜을 보호하여 지니고, 광대한 마음으로 일체 모든 부처님을 받들어 모시면서 공양 올리고 일체 보살이 행하는 일을 항상 부지런히 닦고 익히며, 그 몸은 일체 세간에 널리 나타나고 그 음성은 시방 법계에 두루 미치며 마음의 지혜가 걸림이 없어 삼세를 널리 보고, 일체 보살의 모든 공덕을 다 이미 닦고 행하여 원만함을 얻었으니, 불가설 수의 겁에 설하여도 다할 수 없다.

其名曰金剛藏菩薩 寶藏菩薩 蓮華藏菩薩 德藏菩薩 蓮華
德藏菩薩 日藏菩薩 蘇利耶藏菩薩 無垢月藏菩薩 於一切
國土普現莊嚴藏菩薩 毘盧遮那智藏菩薩 妙德藏菩薩 栴
檀德藏菩薩 華德藏菩薩 俱蘇摩德藏菩薩 優鉢羅德藏菩
薩 天德藏菩薩 福德藏菩薩 無礙清淨智德藏菩薩 功德藏
菩薩 那羅延德藏菩薩 無垢藏菩薩 離垢藏菩薩 種種辯才
莊嚴藏菩薩 大光明網藏菩薩 淨威德光明王藏菩薩 金莊
嚴大功德光明王藏菩薩 一切相莊嚴淨德藏菩薩 金剛焰德
相莊嚴藏菩薩 光明焰藏菩薩 星宿王光照藏菩薩 虛空無
礙智藏菩薩 妙音無礙藏菩薩 陀羅尼功德持一切衆生願
藏菩薩 海莊嚴藏菩薩 須彌德藏菩薩 淨一切功德藏菩薩
如來藏菩薩 佛德藏菩薩 解脫月菩薩

그 이름은 금강장보살, 보장보살, 연화장보살, 덕장보살, 연화덕장보살, 일장보살, 소리야장보살, 무구월장보살, 저 일체 국토의 보현장엄장보살, 비로자나지장보살, 묘덕장보살, 전단덕장보살, 화덕장보살, 구소마덕장보살, 우발라덕장보살, 천덕장보살, 복덕장보살, 무애청정지덕장보살, 공덕장보살, 나라연덕장보살, 무구장보살, 이구장보살, 종종변재장엄장보살, 대광명망장보살, 정위덕광명왕장보살, 금장엄대공덕광명왕장보살, 일체상장엄정덕장보살, 금강염덕상장엄장보살, 광명염장보살, 성수왕광조장보살, 허공무애지장보살, 묘음무애장보살, 다라니공덕지일체중생원장보살, 해장엄장보살, 수미덕장보살, 정일체공덕장보살, 여래장보살, 불덕장보살, 해탈월보살이다.

如是等無數無量無邊無等不可數不可稱不可思不可量不可
說諸菩薩摩訶薩衆 金剛藏菩薩 而爲上首 爾時 金剛藏菩
薩 承佛神力 入菩薩大智慧光明三昧 入是三昧已 卽時 十
方各過十億佛刹微塵數世界外 各有十億佛刹微塵數諸佛
同名金剛藏 而現其前 作如是言 善哉善哉 金剛藏 乃能入
是菩薩大智慧光明三昧 善男子 此是十方各十億佛刹微塵
數諸佛 共加於汝

금강장보살이 보살대지혜광명삼매에 들자 금강장이라는 명호를 가진 시방의 모든 부처님께서 나타나 위신력으로 가피하시다

이와 같은 등의 무수 무량 무변 무등 불가수 불가칭 불가사 불가량 불가설 수의 모든 보살마하살 대중 가운데 금강장보살이 우두머리가 되었다.

이때 금강장보살이 부처님의 위신력을 받아서 보살대지혜광명삼매에 들었다.

이 삼매에 들고는 바로 그때에 시방의 각각 십억 부처님세계 가는 티끌 수만큼의 세계 밖을 지나서 각각 십억 부처님세계 가는 티끌 수만큼의 모든 부처님의 이름이 같으니 금강장이고, 그 앞에 나타나 이와 같이 말씀하셨다.

"착하고 착하도다. 금강장보살이여, 이 보살대지혜광명삼매에 들었도다.

선남자여, 이것은 시방의 각각 십억 부처님세계 가는 티끌 수만큼의 모든 부처님이 그대에게 함께 가피하심이니라.

以毘盧遮那如來應正等覺本願力故 威神力故 亦是汝勝智
力故 欲令汝 爲一切菩薩 說不思議諸佛法光明故 所謂令
入智地故 攝一切善根故 善揀擇一切佛法故 廣知諸法故
善能說法故 無分別智淸淨故 一切世法不染故 出世善根
淸淨故 得不思議智境界故 得一切智人智境界故

비로자나 여래 응정등각의 본래의 원력인 까닭이고, 위신력인 까닭이며, 또한 그대의 뛰어난 지혜의 힘인 까닭으로 그대로 하여금 일체 보살을 위하여 부사의한 모든 불법의 광명을 설하게 하려는 까닭이니라.

지혜의 지위에 들어가게 하려는 까닭이고, 일체 선근을 거두게 하려는 까닭이며, 일체 불법을 잘 간택하게 하려는 까닭이고, 모든 법을 널리 알게 하려는 까닭이며, 법을 잘 설하게 하려는 까닭이고, 분별이 없는 지혜를 청정하게 하려는 까닭이며, 일체 세간의 법에 물들지 않게 하려는 까닭이고, 세간을 벗어나는 선근을 청정하게 하려는 까닭이며, 부사의한 지혜의 경계를 얻게 하려는 까닭이고, 일체 지혜로운 이의 지혜의 경계를 얻게 하려는 까닭이니라.

又令得菩薩十地始終故 如實說菩薩十地差別相故 緣念一切佛法故 修習分別無漏法故 善選擇觀察大智光明巧莊嚴故 善入決定智門故 隨所住處 次第顯說無所畏故 得無礙辯才光明故 住大辯才地 善決定故 憶念菩薩 心不忘失故成熟一切衆生界故 能遍至一切處 決定開悟故

또 보살 십지의 처음과 끝을 얻게 하려는 까닭이고, 보살 십지의 차별상을 여실히 설하게 하려는 까닭이며, 일체 불법을 반연하여 생각하게 하려는 까닭이고, 무루 법을 닦아 익혀 분별하게 하려는 까닭이며, 큰 지혜 광명과 공교한 장엄을 잘 선택하여 관찰하게 하려는 까닭이고, 결정한 지혜의 문에 잘 들어가게 하려는 까닭이며, 머무는 곳을 따라 두려운 바 없이 차례로 나타내어 설하게 하려는 까닭이고, 걸림 없는 변재와 광명을 얻게 하려는 까닭이며, 큰 변재의 지위에 머물러 잘 결정하게 하려는 까닭이고, 보살을 기억하여 마음에서 잊어버리지 않게 하려는 까닭이며, 일체 중생 세계를 성숙하게 하려는 까닭이고, 일체의 곳에 두루 이르러 결단코 깨닫게 하려는 까닭이니라.

善男子 汝當辯說此法門差別善巧法 所謂承佛神力 如來
智明所加故 淨自善根故 普淨法界故 普攝衆生故 深入法
身智身故 受一切佛灌頂故 得一切世間最高大身故 超一
切世間道故 淸淨出世善根故 滿足一切智智故 爾時 十方
諸佛 與金剛藏菩薩無能映奪身 與無礙樂說辯 與善分別
淸淨智 與善憶念不忘力 與善決定明了慧 與至一切處開悟
智 與成道自在力

선남자여, 그대는 이 법문의 차별과 공교한 법을 밝혀 설하리니, 부처님의 위신력을 받아서 여래의 밝은 지혜로 가피받은 까닭이고, 자신의 선근을 깨끗하게 하는 까닭이며, 법계를 두루 깨끗하게 하는 까닭이고, 중생들을 두루 거두는 까닭이며, 법의 몸과 지혜의 몸에 깊이 들어가는 까닭이고, 일체 부처님의 관정하심을 받는 까닭이며, 일체 세간의 가장 높고 큰 몸을 얻는 까닭이고, 일체 세간의 도를 뛰어넘는 까닭이며, 세간을 벗어나는 선근을 청정하게 하는 까닭이고, 일체지의 지혜를 원만하게 구족하는 까닭이니라."

이때 시방의 모든 부처님께서 금강장보살에게 덮어 가리거나 빼앗을 수 없는 몸을 베푸시고, 걸림 없이 즐겁게 설하는 변재를 베푸시며, 잘 분별하는 청정한 지혜를 베푸시고, 잘 기억하여 잊지 않는 힘을 베푸시며, 잘 결정하여 밝게 아는 지혜를 베푸시고, 일체 곳에 이르러 깨닫게 하는 지혜를 베푸시며, 도를 이루는 자재한 힘을 베푸시고,

與如來無所畏 與一切智人觀察分別諸法門辯才智 與一切
如來上妙身語意具足莊嚴 何以故 得此三昧 法如是故 本
願所起故 善淨深心故 善淨智輪故 善積集助道故 善修治
所作故 念其無量法器故 知其淸淨信解故 得無錯謬總持
故 法界智印善印故

여래의 두려운 바 없음을 베푸시며, 일체 지혜 있는 이의 모든 법문을 관찰하여 분별하는 변재의 지혜를 베푸시고, 일체 여래의 가장 훌륭한 몸과 말과 뜻으로 구족한 장엄을 베푸셨다.

무슨 까닭인가? 이 삼매를 얻으면 법이 이러-한 까닭이고, 본래의 원력에서 일으키는 까닭이며, 깊은 마음을 잘 깨끗하게 하는 까닭이고, 지혜의 바퀴를 잘 깨끗하게 하는 까닭이며, 도를 돕는 법을 잘 모으는 까닭이고, 짓는 바를 잘 닦아 다스리는 까닭이며, 그 한량없는 법의 그릇을 생각하는 까닭이고, 그 청정한 믿음과 깨달음을 아는 까닭이며, 착오가 없는 총지를 얻는 까닭이고, 법계의 지혜인(印)으로 잘 인치는 까닭이다.

爾時 十方諸佛 各伸右手 摩金剛藏菩薩頂 摩頂已 金剛
藏菩薩 從三昧起 普告一切菩薩衆言 諸佛子 諸菩薩 願
善決定 無雜 不可見 廣大如法界 究竟如虛空 盡未來際
遍一切佛刹 救護一切衆生 爲一切諸佛所護 入過去未來
現在諸佛智地 佛子 何等 爲菩薩摩訶薩智地 佛子 菩薩
摩訶薩智地 有十種 過去未來現在諸佛 已說當說今說 我
亦如是說

금강장보살이 선정에서 일어나 열 가지 지혜의 지위
를 설하다

이때 시방의 모든 부처님께서 각각 오른손을 펴서 금강
장보살의 정수리를 어루만지셨다.

정수리를 어루만지시니 금강장보살이 삼매에서 일어나
일체 보살 대중에게 널리 말하였다.

"모든 불자여, 모든 보살의 서원은 잘 결정되어 잡됨이
없고, 볼 수 없으며, 광대하기가 법계와 같고, 구경에는
허공과 같아서 미래제가 다하도록 일체 부처님세계에 두
루 하여 일체 중생을 구호하며, 일체 모든 부처님의 보호
하는 바가 되어 과거와 미래와 현재 모든 부처님의 지혜
의 지위에 들어갑니다.

불자들이여, 어떤 것을 보살마하살의 지혜의 지위라 합
니까?

불자들이여, 보살마하살의 지혜의 지위에 열 가지가 있
는데, 과거와 미래와 현재에 계신 모든 부처님께서 이미
설하셨고, 앞으로 설하실 것이며, 지금도 설하고 계시니,
나도 또한 이와 같이 설하겠습니다.

何等 爲十 一者 歡喜地 二者 離垢地 三者 發光地 四者
焰慧地 五者 難勝地 六者 現前地 七者 遠行地 八者 不
動地 九者 善慧地 十者 法雲地 佛子 此菩薩十地 三世諸
佛 已說當說今說 佛子 我不見有諸佛國土 其中如來 不說
此十地者 何以故 此是菩薩摩訶薩 向菩提最上道 亦是淸
淨法光明門 所謂分別演說菩薩諸地 佛子 此處 不可思議
所謂諸菩薩隨證智

어떤 것을 열 가지라 합니까? 첫째는 환희지(歡喜地)요, 둘째는 이구지(離垢地)요, 셋째는 발광지(發光地)요, 넷째는 염혜지(焰慧地)요, 다섯째는 난승지(難勝地)요, 여섯째는 현전지(現前地)요, 일곱째는 원행지(遠行地)요, 여덟째는 부동지(不動地)요, 아홉째는 선혜지(善慧地)요, 열째는 법운지(法雲地)입니다.

불자들이여, 이 보살 십지를 삼세 모든 부처님께서 이미 설하셨고, 앞으로 설하실 것이며, 지금도 설하십니다.

불자들이여, 내가 모든 불국토에 계신 여래 가운데 이 십지를 설하지 않은 분을 보지 못하였습니다.

무슨 까닭이겠습니까? 이것은 이 보살마하살이 보리로 향하는 최상의 도이고, 또한 청정한 법 광명의 문이어서 보살의 모든 지위를 분별하여 널리 펴 설하는 것입니다.

불자들이여, 이러한 지위는 불가사의한 것이니, 모든 보살의 증득함을 따르는 지혜입니다."

爾時 金剛藏菩薩 說此菩薩十地名已 默然而住 不復分別
是時 一切菩薩衆 聞菩薩十地名 不聞解釋 咸生渴仰 作
如是念 何因何緣 金剛藏菩薩 唯說菩薩十地名 而不解釋
解脫月菩薩 知諸大衆心之所念 以頌問金剛藏菩薩曰

何故淨覺人
念智功德具
說諸上妙地
有力不解釋

해탈월보살과 모든 대중들이 금강장보살에게 열 가
지 지혜의 지위를 해석해 줄 것을 청하다

이때 금강장보살이 이 보살 십지의 이름을 설해 마치고는
묵연히 있으면서 다시 분별하지 않았다.

이때 일체 보살 대중이 보살 십지의 이름만 듣고 해석을
듣지 못하여 모두 우러러 존경함을 내어 이렇게 생각하기
를 '무슨 인과 무슨 연으로 금강장보살은 오직 보살 십지
의 이름만 설하고 해석은 하지 않는 것인가.'라고 하였다.

해탈월보살이 모든 대중이 마음으로 생각하는 바를 알
고 금강장보살에게 게송으로 물었다.

　무슨 까닭으로 청정하게 깨달아

　생각과 지혜와 공덕을 갖춘 이가

　모든 것에서 가장 묘한 지위를 설함에

　능력이 있건만 해석은 하지 않습니까

一切咸決定
勇猛無怯弱
何故說地名
而不爲開演

諸地妙義趣
此衆皆欲聞
其心無怯弱
願爲分別說

衆會悉清淨
離懈怠嚴潔
能堅固不動
具功德智慧

일체가 모두 결단코
용맹하여 겁약함이 없거늘
무슨 까닭으로 지위의 이름만 설하고
열어 널리 펴지 않습니까

모든 지위의 묘한 이치를
이 대중이 모두 듣고자 하며
그 마음에 겁약함이 없으니
원하건대 분별하여 설해 주소서

모인 대중이 다 청정하여
게으름을 여의고 철저하게 바르며
견고하여 흔들리지 않아
공덕과 지혜를 갖추었습니다

相視咸恭敬
一切悉專仰
如蜂念好蜜
如渴思甘露

爾時 大智無所畏金剛藏菩薩 聞說是已 欲令衆會 心歡喜
故 爲諸佛子 而說頌言

菩薩行地事
最上諸佛本
顯示分別說
第一希有難

서로 보고 모두 공경하며
일체가 다 오로지 우러러보기를
벌이 좋은 꿀을 생각하듯 하고
목마름에 감로수를 생각하듯 합니다

이때 두려움이 없는 큰 지혜의 금강장보살이 이 말을
듣고 나서 모인 대중의 마음을 기쁘게 하고자 모든 불자
를 위하여 게송으로 말하였다.

보살이 행하는 지위의 일은
가장 높아서 모든 부처님의 근본이니
나타내 보여서 분별하여 설함이
제일로 희유하여 어렵네

微細難可見
離念超心地
出生佛境界
聞者悉迷惑

持心如金剛
深信佛勝智
知心地無我
能聞此勝法

如空中彩畫
如空中風相
牟尼智如是
分別甚難見

미세하여 보기 어렵고
생각을 여의어 마음 바탕이라 함마저 초월해야
부처님의 경계를 내는 것이니
듣는 이는 모두 미혹하네

금강과 같은 마음을 지녀
부처님의 뛰어난 지혜를 깊이 믿어서
마음 바탕에 나라 할 것이 없음을 알아야
능히 이 뛰어난 법을 듣는다네

허공 가운데 채색한 그림과 같고
허공 가운데 바람의 모양과 같으니
부처님[牟尼]의 지혜가 이와 같아서
분별하여 보기 매우 어렵다네

我念佛智慧
最勝難思議
世間無能受
默然而不說

爾時 解脫月菩薩 聞是說已 白金剛藏菩薩言 佛子 今此衆
會 皆悉已集 善淨深心 善潔思念 善修諸行 善集助道 善
能親近百千億佛 成就無量功德善根 捨離癡惑 無有垢染
深心信解 於佛法中 不隨他教 善哉佛子 當承佛神力 而爲
演說 此諸菩薩 於如是等甚深之處 皆能證知

내가 부처님의 지혜를 생각하니
가장 뛰어나고 사의하기 어려워서
세간에서 잘 받아들일 수 없기에
묵연히 설하지 않은 것이네

이때 해탈월보살이 이 말을 듣고는 금강장보살에게 말하였다.

"불자여, 지금 이 모임의 대중이 이미 다 모였으니, 깊은 마음을 잘 깨끗이 하였고, 생각을 잘 바르게 하였으며, 모든 행을 잘 닦았고, 도를 돕는 법을 잘 모았으며, 백천억 부처님을 잘 친근히 하였고, 한량없는 공덕과 선근을 성취하였으며, 어리석은 미혹을 여의어 버렸고, 때에 물듦이 없어서 깊은 마음을 믿고 깨달았으며, 불법 가운데 그 밖의 가르침을 따르지 않습니다.

훌륭하십니다. 불자여, 부처님의 위신력을 받아서 널리 펴 설하소서. 이 모든 보살은 이와 같은 등의 매우 깊은 지위라도 모두 증득하여 알 것입니다."

爾時 解脫月菩薩 欲重宣其義 而說頌曰

願說最安隱
菩薩無上行
分別於諸地
智淨成正覺

此衆無諸垢
志解悉明潔
承事無量佛
能知此地義

이때 해탈월보살이 그 뜻을 거듭 펴고자 게송으로 말
하였다.

　　원하건대 가장 편안한
　　보살의 위 없는 행을 설하소서
　　모든 지위를 분별하면
　　지혜가 깨끗해져서 정각을 이룰 것입니다

　　이 대중은 모든 때가 없고
　　뜻과 이해가 다 맑고 깨끗하며
　　한량없는 부처님을 받들어 섬기니
　　이 지위의 뜻을 능히 알 것입니다

爾時 金剛藏菩薩 言 佛子 雖此衆集 善淨思念 捨離愚癡
及以疑惑 於甚深法 不隨他敎 然有其餘劣解衆生 聞此甚
深難思議事 多生疑惑 於長夜中 受諸衰惱 我愍此等 是
故默然 爾時 金剛藏菩薩 欲重宣其義 而說頌曰

雖此衆淨廣智慧
甚深明利能決擇
其心不動如山王
不可傾覆猶大海

이때 금강장보살이 말하였다.

"불자여, 비록 이 대중이 모여서 생각을 잘 깨끗이 하여 어리석음과 의혹을 여의어 버렸고, 매우 깊은 법으로 그 밖의 가르침을 따르지 않는다지만, 그 밖에 앎이 하열한 중생이 있어 이 매우 깊고 사의하기 어려운 일을 들으면 많은 의혹을 내어 기나긴 밤 가운데 모든 괴로움을 받을 것입니다.

내가 이 무리를 불쌍히 여기는 까닭에 묵연히 있었던 것입니다."

이때 금강장보살이 그 뜻을 거듭 펴고자 하여 게송으로 말하였다.

비록 이 대중은 청정하여 지혜가 광대하고
매우 밝고 예리함으로 판단하여 결정하며
그 마음이 움직이지 않음이 산왕과 같고
기울이고 엎어질 수 없음이 큰 바다와 같으나

有行未久解未得
隨識而行不隨智
聞此生疑墮惡道
我愍是等故不說

爾時 解脫月菩薩 重白金剛藏菩薩言 佛子 願承佛神力 分
別說此不思議法 此人當得如來護念 而生信受 何以故 說
十地時 一切菩薩 法應如是得佛護念 得護念故 於此智地
能生勇猛 何以故 此是菩薩 最初所行 成就一切諸佛法故

행함이 있더라도 오래하지 못하여 깨달음을 얻지 못하고
알음알이만 따라 행하고 지혜를 따르지 않아서
이를 듣고 의심을 내어 악도에 떨어질 것이니
내가 이 무리를 불쌍히 여기는 까닭에 설하지 않았네

이때 해탈월보살이 금강장보살에게 거듭 말하였다.
"불자여, 원하건대 부처님의 위신력을 받아서 부사의
한 법을 분별하여 설하소서.

이 사람들은 여래의 호념하심을 얻어서 믿고 받아들일
것입니다.

무슨 까닭이겠습니까? 십지를 설할 때에 일체 보살의
법이 이와 같아서 부처님의 호념하심을 얻고 호념하심
을 얻은 까닭에 이 지혜의 지위에 용맹함을 냅니다.

무슨 까닭이겠습니까? 이것이 이 보살이 가장 처음 행
하는 바이고 일체 모든 불법을 성취하는 까닭입니다.

譬如書字數說 一切皆以字母爲本 字母究竟 無有少分 離
字母者 佛子 一切佛法 皆以十地爲本 十地究竟 修行成
就 得一切智 是故佛子 願爲演說 此人 必爲如來所護 令
其信受 爾時 解脫月菩薩 欲重宣其義 而說頌曰

善哉佛子願演說
趣入菩提諸地行
十方一切自在尊
莫不護念智根本

비유하면 글이나 글자를 헤아려서 말함에 일체가 모두
자음과 모음을 근본으로 삼으니 자모가 결국에 조금이
라도 자음과 모음을 여의지 않는 것과 같습니다.

　불자여, 일체 불법이 다 십지를 근본으로 삼고, 십지
가 구경이어서 닦아 행하여 성취하면 일체 지혜를 얻습
니다.

　그러므로 불자여, 원하건대 널리 펴 설하소서.

　이 사람들은 반드시 여래께서 보호하시는 바가 되어
그로 하여금 믿고 받아들일 것입니다."

　이때 해탈월보살이 그 뜻을 거듭 펴고자 게송으로 말
하였다.

　훌륭하십니다 불자여 보리에 나아가는 모든 지위의 행을
　널리 펴 설해주기를 원하오니
　시방의 일체 부처님〔自在尊〕께서
　지혜의 근본을 호념하지 않음이 없으시네

此安住智亦究竟
一切佛法所從生
譬如書數字母攝
如是佛法依於地

爾時 諸大菩薩衆 一時同聲 向金剛藏菩薩 而說頌言

上妙無垢智
無邊分別辯
宣暢深美言
第一義相應

이 편안히 머무는 지혜 또한 구경이어서
일체 불법이 이로부터 나오니
비유하면 글을 헤아림에 자음과 모음을 취하듯이
이와 같이 불법도 지위에 의지하네

이때 모든 큰 보살 대중이 일시에 같은 소리로 금강장
보살을 향하여 게송으로 말하였다.

가장 묘하고 때 없는 지혜와
끝없이 분별하는 변재로
깊고 아름다운 말을 펼쳐 드날리니
제일가는 뜻〔第一義〕*에 상응하네

念持清淨行
十力集功德
辯才分別義
說此最勝地

定戒集正心
離我慢邪見
此衆無疑念
唯願聞善說

如渴思冷水
如飢念美食
如病憶良藥
如蜂貪好蜜
我等亦如是
願聞甘露法

청정한 행을 생각하여 지니고
십력으로 공덕을 모아
변재로 뜻을 분별하여
이 가장 뛰어난 지위를 설하소서

선정과 지계로 바른 마음을 모으고
아만과 삿된 견해를 여의니
이 대중은 의심하는 생각이 없이
오직 잘 설함을 듣기를 원합니다

목마름에 냉수를 생각하는 것과 같고
배고픔에 맛있는 음식을 생각하는 것과 같으며
병에 좋은 약을 생각하는 것과 같고
벌이 좋아하는 꿀을 탐하는 것과 같으니
우리들도 또한 이와 같이
감로법을 듣기 원합니다

善哉廣大智
願說入諸地
成十力無礙
善逝一切行

훌륭하십니다 광대한 지혜로
모든 지위에 들어가
십력의 걸림없음을 이루어
원하건대 부처님〔善逝〕의 일체 행을 설하소서

爾時 世尊 從眉間出淸淨光明 名菩薩力焰明 百千阿僧祇
光明 以爲眷屬 普照十方一切世界 靡不周遍 三惡道苦 皆
得休息 又照一切如來衆會 顯現諸佛不思議力 又照十方
一切世界 一切諸佛所加說法菩薩之身 作是事已 於上虛
空中 成大光明雲網臺而住 時 十方諸佛 悉亦如是 從眉間
出淸淨光明 其光 名號眷屬作業 悉同於此 又亦照此娑婆
世界佛及大衆 幷金剛藏菩薩身 獅子座已 於上虛空中 成
大光明雲網臺

세존께서 보살력염명 광명을 내어 그 가운데에서 금
강장보살에게 위신력으로 설하시다

이때 세존께서 미간으로부터 청정한 광명을 내시니 이
름이 보살력염명이고, 백천 아승기 수의 광명을 권속으
로 삼았다.

시방의 일체 세계를 널리 비추어 두루 하지 않은 데가
없으니 삼악도의 괴로움을 모두 쉬게 하고, 또 일체 여
래의 대중 모임을 비추어 모든 부처님의 부사의한 힘을
나타내며, 또 시방 일체 세계의 일체 모든 부처님의 가
피로 설법하는 보살의 몸을 비추고, 이 일을 마치고는
허공 가운데 올라가 큰 광명의 구름그물누대를 이루어
머물렀다.

이때에 시방의 모든 부처님도 다 또한 이와 같이 미간
에서 청정한 광명을 내시니 그 광명의 이름과 권속의 하
는 일이 모두 이와 같았고, 또 이 사바세계의 부처님과
대중과 금강장보살의 몸과 사자좌를 비추고는 허공 가
운데 올라가 큰 광명의 구름그물누대를 이루었다.

時 光臺中 以諸佛威神力故 而說頌言

佛無等等如虛空
十力無量勝功德
人間最勝世中上
釋獅子法加於彼

佛子當承諸佛力
開此法王最勝藏
諸地廣智勝妙行
以佛威神分別說

이때에 광명의 누대 가운데에서 모든 부처님의 위신력
으로 게송을 설하였다.

　부처님께서는 같을 바 없이 같기가 허공과 같고
　십력과 한량없는 수승한 공덕이
　인간에서 가장 뛰어나고 세상 가운데 위이시니
　부처님〔釋獅子〕의 법으로 그에게 가피하시네

　불자여 모든 부처님의 위신력을 받아
　이 법왕의 가장 수승한 보배장을 열어서
　모든 지위의 넓은 지혜와 수승하고 묘한 행을
　부처님의 위신력으로 분별하여 설하라

若爲善逝力所加
當得法寶入其心
諸地無垢次第滿
亦具如來十種力

雖住海水劫火中
堪受此法必得聞
其有生疑不信者
永不得聞如是義

應說諸地勝智道
入住展轉次修習
從行境界法智生
利益一切衆生故

만약 부처님〔善逝〕께서 위신력으로 가피하시면
법의 보배가 그 마음에 들어가서
모든 지위의 때 없음을 차례로 만족하고
또한 여래의 열 가지 힘을 갖추리라

비록 바닷물과 겁의 불 가운데 머물더라도
이 법을 감당하면 반드시 듣게 되겠지만
의심을 내어 믿지 않는 이는
영원히 이와 같은 이치를 듣지 못하네

모든 지위의 수승한 지혜의 도를 설하는 것은
차례로 닦아 익힘을 되풀이함에 들어가 머무는
행의 경계로부터 법의 지혜를 내어
일체 중생을 이익 되게 하기 때문이네

爾時 金剛藏菩薩　觀察十方 欲令大衆 增淨信故 而說頌
曰

　　　　如來大仙道
　　　　微妙難可知
　　　　非念離諸念
　　　　求見不可得

　　　　無生亦無滅
　　　　性淨恒寂然
　　　　離垢聰慧人
　　　　彼智所行處

🌀 금강장보살이 열 가지 지혜의 지위를 해석하여 설하다

이때 금강장보살이 시방을 관찰하여 대중으로 하여금
깨끗한 믿음을 더하게 하고자 게송으로 말하였다.

여래이신 부처님〔大仙〕의 도는
미묘하여 알기 어렵고
생각으로는 모든 생각을 여의는 것이 아니어서
보려 하여도 얻을 수 없네

나는 것도 없고 또한 멸하는 것도 없는
깨끗한 성품은 항상 고요하니
때를 여읜 총명하고 슬기로운 이가
저 지혜로 행하는 지위라네

自性本空寂
無二亦無盡
解脫於諸趣
涅槃平等住

非初非中後
非言辭所說
出過於三世
其相如虛空

寂滅佛所行
言說莫能及
地行亦如是
難說難可受

자성은 본래 공적하여
두 가지가 없고 또한 다함도 없어
모든 취(趣)에서 해탈하여
평등한 열반에 머무르네

처음도 아니요 중간과 끝도 아니고
말로 설할 바가 아니어서
삼세를 초월하니
그 상이 허공과 같네

부처님의 행하시는 바는 적멸하여
말로는 미치지 못하니
지위의 행 역시 이와 같아서
설하기도 어렵고 받아들이기도 어렵다네

智起佛境界
非念離心道
非蘊界處門
智知意不及

如空中鳥跡
難說難可示
如是十地義
心意不能了

慈悲及願力
出生入地行
次第圓滿心
智行非慮境

지혜로 일으키는 부처님의 경계는
생각함이 아니라 마음이라 하는 것마저 여읜 도이니
오온과 십팔계와 십이처의 문도 아니어서
지혜로만 알 수 있을 뿐 뜻으로는 미치지 못하네

마치 허공 가운데 새의 발자국이
말하기 어렵고 보이기 어렵듯이
십지의 뜻도 이와 같아서
심의식(心意識)*으로는 알 수 없네

자비와 원력으로
지위에 들어가는 행을 내어서
차례로 마음을 원만하게 함은
지혜의 행이요 생각의 경계가 아니네

是境界難見
可知不可說
佛力故開演
汝等應敬受

如是智入行
億劫說不盡
我今但略說
眞實義無餘

一心恭敬待
我承佛力說
勝法微妙音
譬喩字相應

이 경계는 보기 어려워
알 수는 있다 하더라도 설할 수는 없어서
부처님의 힘으로 열어 널리 펼 뿐이니
그대들은 공경하여 받아들이도록 하라

이와 같은 지혜로 들어가는 행은
억겁을 설한다 하더라도 다할 수 없으니
내가 이제 다만 간략히 설하여
참답고 실다운 뜻이 남음이 없도록 하리라

한결같은 마음으로 공경하니
내가 부처님의 힘을 받아 설하여서
뛰어난 법의 미묘한 소리와
비유와 글자가 상응하리라

無量佛神力
咸來入我身
此處難宣示
我今說少分

한량없는 부처님의 위신력이
모두 나의 몸에 들어왔으니
베풀어 보이기 어려운 이 지위를
내가 이제 조금 설하리라

佛子 若有衆生 深種善根 善修諸行 善集助道 善供養諸佛 善集白淨法 爲善知識善攝 善淸淨深心 立廣大志 生廣大解 慈悲現前 爲求佛智故 爲得十力故 爲得大無畏故 爲得佛平等法故 爲救一切世間故 爲淨大慈悲故 爲得十方無餘智故 爲淨一切佛刹 無障礙故 爲一念 知一切三世故 爲轉大法輪 無所畏故

1) 제1 환희지(歡喜地)*

"불자들이여, 만약 어떤 중생이 선근을 깊이 심으면 모든 행을 잘 닦고, 도를 돕는 법을 잘 모으며, 모든 부처님께 공양을 잘 올리고, 밝고 깨끗한 법을 잘 모으며, 선지식의 잘 거두어 주심이 되고, 깊은 마음을 잘 청정하게 하며, 광대한 뜻을 세우고, 광대한 깨달음을 내어 자비가 목전에 나타납니다.

부처님의 지혜를 구하기 위한 까닭이고, 십력을 얻기 위한 까닭이며, 크게 두려움 없음을 얻기 위한 까닭이고, 부처님의 평등한 법을 얻기 위한 까닭이며, 일체 세간을 구하기 위한 까닭이고, 큰 자비를 깨끗이 하기 위한 까닭이며, 시방의 남음이 없는 지혜를 얻기 위한 까닭이고, 일체 부처님세계를 깨끗이 하여 장애가 없게 하기 위한 까닭이며, 온통인 생각으로 일체 삼세를 알기 위한 까닭이고, 큰 법륜을 굴려서 두려움이 없게 하기 위한 까닭입니다.

佛子 菩薩 起如是心 以大悲爲首 智慧增上 善巧方便所
攝 最上深心所持 如來力無量 善觀察分別 勇猛力 智力
無礙智 現前 隨順自然智 能受一切佛法 以智慧敎化 廣大
如法界 究竟如虛空 盡未來際 佛子 菩薩 始發如是心 卽
得超凡夫地 入菩薩位 生如來家 無能說其種族過失 離世
間趣 入出世道 得菩薩法 住菩薩處 入三世平等 於如來種
中 決定當得無上菩提

불자들이여, 보살이 이와 같은 마음을 일으키는 것은 대비를 으뜸으로 하여서 지혜가 더욱 더하는 것이고, 공교한 방편으로 거두는 것이며, 가장 높고 깊은 마음을 지니는 것이고, 여래의 힘이 한량없어 용맹한 힘과 지혜의 힘을 잘 관찰하고 분별하여 걸림 없는 지혜가 목전에 나타나는 것이며, 자연지(自然智)*를 수순하여서 일체 불법을 받아들여 지혜로써 교화하는 것이니, 광대하기가 법계와 같고 구경에 허공과 같아서 미래제를 다합니다.

불자들이여, 보살이 비로소 이와 같은 마음을 발하여 곧 범부의 지위를 뛰어넘어 보살의 지위에 들어가니, 여래의 가문에 나고 그 종족의 허물은 말할 것이 없으며, 세간의 취를 여의어 세간을 벗어난 도에 들어가고, 보살의 법을 얻어 보살의 처소에 머무르며, 삼세가 평등한 데 들어가 여래의 종자 가운데 결단코 위 없는 보리를 얻습니다.

菩薩 住如是法 名住菩薩歡喜地 以不動相應故 佛子 菩
薩 住歡喜地 成就多歡喜 多淨信 多愛樂 多適悅 多欣慶
多踊躍 多勇猛 多無鬪諍 多無惱害 多無瞋恨 佛子 菩薩
住此歡喜地 念諸佛故 生歡喜 念諸佛法故 生歡喜 念諸
菩薩故 生歡喜 念諸菩薩行故 生歡喜 念清淨諸波羅蜜故

보살이 이와 같은 법에 머무름을 보살 환희지에 머무르는 것이라 이름하니 움직임이 없음과 상응하는 까닭입니다.

불자들이여, 보살이 환희지에 머물러 수많은 환희함과 수많은 청정한 믿음과 수많은 좋아하고 즐거워함과 수많은 기뻐함과 수많은 기쁘고 다행스럽게 생각함과 수많은 좋아서 날뜀과 수많은 용맹함과 수많은 다툼이 없음과 수많은 괴롭힘이 없음과 수많은 성내고 원망함이 없음을 성취합니다.

불자들이여, 보살이 이 환희지에 머물러 모든 부처님을 생각하는 까닭으로 환희함을 내고, 모든 불법을 생각하는 까닭으로 환희함을 내며, 모든 보살을 생각하는 까닭으로 환희함을 내고, 모든 보살의 행을 생각하는 까닭으로 환희함을 내며, 청정한 모든 바라밀을 생각하는 까닭으로

生歡喜 念諸菩薩地殊勝故 生歡喜 念菩薩不可壞故 生歡
喜 念如來教化衆生故 生歡喜 念能令衆生 得利益故 生
歡喜 念入一切如來智方便故 生歡喜 復作是念 我轉離一
切世間境界故 生歡喜 親近一切佛故 生歡喜 遠離凡夫地
故 生歡喜 近智慧地故 生歡喜 永斷一切惡趣故 生歡喜
與一切衆生 作依止處故 生歡喜 見一切如來故 生歡喜
生佛境界中故 生歡喜

환희함을 내고, 모든 보살 지위의 수승함을 생각하는 까닭으로 환희함을 내며, 보살의 무너뜨릴 수 없음을 생각하는 까닭으로 환희함을 내고, 여래께서 중생을 교화하심을 생각하는 까닭으로 환희함을 내며, 중생들로 하여금 이익을 얻게 함을 생각하는 까닭으로 환희함을 내고, 일체 여래의 지혜와 방편에 들어감을 생각하는 까닭으로 환희함을 냅니다.

다시 이런 생각을 하기를 '내가 일체 세간의 경계를 더욱 여의는 까닭으로 환희함을 내고, 일체 부처님을 친근히 하는 까닭으로 환희함을 내며, 범부의 지위를 멀리 여의는 까닭으로 환희함을 내고, 지혜의 지위를 가까이하는 까닭으로 환희함을 내며, 일체 악취를 영원히 끊는 까닭으로 환희함을 내고, 일체 중생의 의지할 곳이 되는 까닭으로 환희함을 내며, 일체 여래를 친견하는 까닭으로 환희함을 내고, 부처님 경계 가운데 태어나는 까닭으로 환희함을 내며,

入一切菩薩平等性中故 生歡喜 遠離一切怖畏毛豎等事故
生歡喜 何以故 此菩薩 得歡喜地已 所有怖畏 悉得遠離
所謂不活畏 惡名畏 死畏 惡道畏 大衆威德畏 如是怖畏
皆得永離 何以故 此菩薩 離我想故 尙不愛自身 何況資財
是故 無有不活畏

일체 보살의 평등한 성품 가운데 들어가는 까닭으로 환희함을 내고, 일체 두려움과 무서움으로 털이 쭈볏 서는 일을 멀리 여의는 까닭으로 환희함을 낸다.'라고 합니다.

　무슨 까닭이겠습니까? 이 보살이 환희지를 얻고 나서 두려움을 멀리 여의니, 살아갈 수 없을 것에 대한 두려움과 악명에 대한 두려움과 죽음에 대한 두려움과 악도에 대한 두려움과 대중의 위덕에 대한 두려움과 이와 같은 두려움을 다 영원히 여읩니다.

　무슨 까닭이겠습니까? 이 보살이 나라는 생각까지도 여읜 까닭으로 더욱이 자신의 몸에 대한 애착이 없거늘, 하물며 재물에 대해서는 어떠하겠습니까? 이런 까닭으로 살아갈 수 없을 것에 대한 두려움은 있을 수 없습니다.

不於他所 希求供養 唯專給施一切衆生 是故 無有惡名畏
遠離我見 無有我想 是故 無有死畏 自知死已 決定不離諸
佛菩薩 是故 無有惡道畏 我所志樂 一切世間 無與等者
何況有勝 是故 無有大衆威德畏 菩薩 如是遠離驚怖毛豎
等事 佛子 此菩薩 以大悲爲首 廣大志樂 無能沮壞 轉更
勤修一切善根 而得成就 所謂信增上故 多淨信故 解清淨
故 信決定故 發生悲愍故

다른 곳에서 공양 올리기를 바라지 않고 오로지 일체 중생에게 보시하여 주는 까닭으로 악명에 대한 두려움이 없으며, 나라는 견해를 멀리 여의어 나라는 생각이 없는 까닭으로 죽음에 대한 두려움이 없고, 자신이 죽어서는 결단코 모든 불보살을 여의지 않는 것을 아는 까닭으로 악도에 대한 두려움이 없으며, 나의 뜻의 즐거움이 일체 세간에서 같을 이가 없거늘 하물며 뛰어난 것이 있겠습니까? 이런 까닭으로 대중의 위덕에 대한 두려움이 없습니다.

　　보살이 이와 같이 놀라고 두려워 털이 쭈뼛 서는 일을 멀리 여읩니다.

　　불자들이여, 이 보살이 대비를 으뜸으로 삼아 무너뜨릴 수 없는 광대한 뜻의 즐거움과 일체 선근을 더욱더 부지런히 닦아 성취하니, 믿음이 더하는 까닭이고, 청정한 믿음이 많아지는 까닭이며, 지혜가 청정한 까닭이고, 믿음이 분명한 까닭이며, 불쌍히 여김을 내는 까닭이고,

成就大慈故 心無疲懈故 慚愧莊嚴故 成就柔和故 敬順
尊重諸佛敎法故 日夜修習善根 無厭足故 親近善知識故
常愛樂法故 求多聞無厭足故 如所聞法正觀察故 心無依
着故 不耽着利養名聞恭敬故 不求一切資生之物故 生如
寶心 無厭足故 求一切智地故 求如來力無畏不共佛法故
求諸波羅蜜助道法故 離諸諂誑故

대자를 성취하는 까닭이며, 마음에 피로함이나 게으름이 없는 까닭이고, 부끄러움으로 장엄하는 까닭이며, 부드럽고 온화함을 성취하는 까닭이고, 모든 부처님께서 가르치신 법을 공경하여 따르고 존중하는 까닭이며, 밤낮으로 선근을 닦아 익히되 싫증냄이 없는 까닭이고, 선지식을 가까이하는 까닭이며, 항상 법을 좋아하고 즐거워하는 까닭이고, 많이 듣기를 구하되 싫증냄이 없는 까닭이며, 들은 법과 같이 바르게 관찰하는 까닭이고, 마음에 의지하거나 집착함이 없는 까닭이며, 이익과 재물과 명예와 공경을 탐하거나 집착하지 않는 까닭이고, 일체 생활에 필요한 물건을 구하지 않는 까닭이며, 보배와 같은 마음을 내어 싫증냄이 없는 까닭이고, 일체 지혜의 지위를 구하는 까닭이며, 여래의 십력과 사무외*와 불공불법을 구하는 까닭이고, 모든 바라밀과 도를 돕는 법을 구하는 까닭이며, 모든 아첨과 속임을 여의는 까닭이고,

如說能行故 常護實語故 不汚如來家故 不捨菩薩戒故 生
一切智心 如山王不動故 不捨一切世間事 成就出世間道
故 集助菩提分法 無厭足故 常求上上殊勝道故 佛子 菩
薩 成就如是淨治地法 名爲安住菩薩歡喜地 佛子 菩薩
住此歡喜地 能成就如是大誓願 如是大勇猛 如是大作用
所謂生廣大淸淨決定解 以一切供養之具 恭敬供養一切
諸佛 令無有餘 廣大如法界 究竟如虛空 盡未來際 一切
劫數 無有休息

말한 것과 같이 행하는 까닭이며, 항상 실다운 말로 보호하는 까닭이고, 여래의 가문을 더럽히지 않는 까닭이며, 보살의 계율을 버리지 않는 까닭이고, 일체 지혜의 마음을 내어 산왕과 같이 움직이지 않는 까닭이며, 일체 세간의 일을 버리지 않되 세간을 벗어난 도를 성취하는 까닭이고, 보리분법*을 모으되 싫증냄이 없는 까닭이며, 항상 가장 수승한 도를 구하는 까닭입니다.

불자들이여, 보살이 이와 같이 지위를 깨끗이 다스리는 법을 성취하는 것을 보살이 환희지에 편안히 머무는 것이라고 이름합니다.

불자들이여, 보살이 이 환희지에 머물러 이와 같은 큰 서원과 이와 같은 큰 용맹함과 이와 같은 큰 작용을 성취하기를 '광대한 청정함으로 분명한 깨달음을 내고 일체의 공양구로써 일체 모든 부처님께 공경히 공양 올림을 남음이 없게 하니, 광대하기가 법계와 같고 구경에 허공과 같아서 미래제가 다하도록 일체 겁의 수효에 쉬지 않는다.'라고 합니다.

又發大願 願受一切佛法輪 願攝一切佛菩提 願護一切諸
佛教 願持一切諸佛法 廣大如法界 究竟如虛空 盡未來際
一切劫數 無有休息 又發大願 願一切世界 佛興于世 從
兜率天宮沒 入胎 住胎 初生 出家 成道 說法 示現涅槃
皆悉往詣 親近供養 爲衆上首 受行正法 於一切處 一時
而轉 廣大如法界 究竟如虛空 盡未來際 一切劫數 無有
休息

또 대원을 발하기를 '일체 부처님의 법륜을 받기를 서원하고, 일체 부처님의 보리를 거두기를 서원하며, 일체 모든 부처님의 가르침을 수호하기를 서원하고, 일체 모든 부처님의 법을 지니기를 서원하니, 광대하기가 법계와 같고 구경에 허공과 같아서 미래제가 다하도록 일체 겁의 수효에 쉬지 않는다.'라고 합니다.

또 대원을 발하기를 '일체 세계에서 부처님께서 세간에 나실 적에 도솔천궁으로부터 내려와 태에 들고, 태에 머물며, 처음 태어나고, 출가하며, 도를 이루고, 설법하며, 열반을 나타내 보이심에 모두 가서 친근히 공양 올리고, 대중의 우두머리가 되어서 정법을 받아 행하여 일체의 곳에서 일시에 굴리기를 서원하니, 광대하기가 법계와 같고 구경에 허공과 같아서 미래제가 다하도록 일체 겁의 수효에 쉬지 않는다.'라고 합니다.

又發大願 願一切菩薩行 廣大無量 不壞不雜 攝諸波羅蜜
淨治諸地 總相別相 同相異相 成相壞相 所有菩薩行 皆
如實說 教化一切 令其受行 心得增長 廣大如法界 究竟
如虛空 盡未來際 一切劫數 無有休息 又發大願 願一切
衆生界 有色無色 有想無想 非有想非無想 卵生胎生濕生
化生 三界所繫 入於六趣 一切生處 名色所攝 如是等類
我皆教化 令入佛法

또 대원을 발하기를 '일체 보살의 행이 광대하고 한량없어 무너지지도 않고 뒤섞이지도 않으며, 모든 바라밀을 거두어서 모든 지위를 깨끗하게 다스리고, 총상(總相)과 별상(別相), 동상(同相)과 이상(異相), 성상(成相)과 괴상(壞相)*으로 모든 보살의 행을 여실하게 설하며, 일체를 교화하여 그들로 하여금 받아 행하여서 마음이 더욱 더하게 하기를 서원하니, 광대하기가 법계와 같고 구경에 허공과 같아서 미래제가 다하도록 일체 겁의 수효에 쉬지 않는다.'라고 합니다.

또 대원을 발하기를 '일체 중생 세계의 색이 있는 것과 색이 없는 것, 생각이 있는 것과 생각이 없는 것, 생각이 있지도 않고 생각이 없지도 않은 것, 알로 생긴 것과 태로 생긴 것과 습기로 생긴 것과 화하여 생긴 것이 삼계에 얽매여서 육취에 들어가 일체 태어나는 곳의 명색을 거두는 이와 같은 등의 무리를 내가 다 교화하여 불법에 들어가게 하고,

令永斷一切世間趣　令安住一切智智道　廣大如法界　究竟
如虛空　盡未來際　一切劫數　無有休息　又發大願　願一切
世界　廣大無量　麤細　亂住倒住正住　若入若行若去　如帝
網差別　十方無量種種不同　智皆明了　現前知見　廣大如法
界　究竟如虛空　盡未來際　一切劫數　無有休息

일체 세간의 취(趣)를 영원히 끊게 하며, 일체지의 지혜의 도에 편안히 머물게 하기를 서원하니, 광대하기가 법계와 같고 구경에 허공과 같아서 미래제가 다하도록 일체 겁의 수효에 쉬지 않는다.'라고 합니다.

또 대원을 발하기를 '일체 세계가 광대하고 한량없어 거친 것과 섬세한 것, 어지러이 머무는 것과 거꾸로 머무는 것과 반듯이 머무는 것들에서 들어가고 다니며 가는 것이 마치 제석천의 그물과 같이 차별되어 시방의 한량없는 갖가지로 같지 않은 것을 지혜로 다 밝게 알아서 목전에 나타난 듯 알고 보기를 서원하니, 광대하기가 법계와 같고 구경에 허공과 같아서 미래제가 다하도록 일체 겁의 수효에 쉬지 않는다.'라고 합니다.

又發大願 願一切國土 入一國土 一國土 入一切國土 無量
佛土 普皆淸淨 光明衆具 以爲莊嚴 離一切煩惱 成就淸
淨道 無量智慧衆生 充滿其中 普入廣大諸佛境界 隨衆生
心 而爲示現 皆令歡喜 廣大如法界 究竟如虛空 盡未來
際 一切劫數 無有休息 又發大願 願與一切菩薩 同一志
行 無有怨嫉 集諸善根 一切菩薩 平等一緣 常共集會 不
相捨離 隨意能現種種佛身 任其自心 能知一切如來境界
威力智慧 得不退如意神通 遊行一切世界 現形一切衆會

또 대원을 발하기를 '일체 국토가 한 국토에 들어가고, 한 국토가 일체 국토에 들어가며, 한량없는 불토가 널리 다 청정하고, 온갖 광명을 갖추어 장엄하며, 일체 번뇌를 여의어 청정한 도를 성취하고, 한량없는 지혜로운 중생이 그 가운데 가득하며, 광대한 모든 부처님 경계에 널리 들어가고, 중생심을 따라 나타내 보여서 모두 환희하게 하기를 서원하니, 광대하기가 법계와 같고 구경에 허공과 같아서 미래제가 다하도록 일체 겁의 수효에 쉬지 않는다.'라고 합니다.

또 대원을 발하기를 '일체 보살과 더불어 뜻과 행이 동일하고, 원망과 질투가 없어 모든 선근을 모으며, 일체 보살과 평등하여 온통으로 반연하고, 항상 함께 모여 서로 여의어 버리지 않으며, 뜻대로 갖가지 부처님의 몸을 나타내고, 자신의 마음대로 일체 여래의 경계와 위력과 지혜를 알며, 물러남이 없는 뜻과 같이 하는 신통을 얻어 일체 세계에 다니고, 일체 대중모임에 형상을 나타내어

普入一切生處 成就不思議大乘 修菩薩行 廣大如法界 究
竟如虛空 盡未來際 一切劫數 無有休息 又發大願 願乘
不退輪 行菩薩行 身語意業 悉不唐捐 若暫見者 則必定佛
法 暫聞音聲 則得實智慧 纔生淨信 則永斷煩惱 得如大
藥王樹身 得如如意寶身 修行一切菩薩行 廣大如法界 究
竟如虛空 盡未來際 一切劫數 無有休息

일체 나는 곳에 두루 들어가서, 부사의한 대승을 성취하여 보살의 행을 닦기를 서원하니, 광대하기가 법계와 같고 구경에 허공과 같아서 미래제가 다하도록 일체 겁의 수효에 쉬지 않는다.'라고 합니다.

또 대원을 발하기를 '물러나지 않는 법륜에 올라 보살의 행을 행하여 몸과 말과 뜻의 업이 모두 헛되지 않아서, 만약 잠깐 보더라도 곧 불법에 불퇴전하고, 음성을 잠깐 듣더라도 곧 실다운 지혜를 얻으며, 깨끗한 믿음을 조금 내더라도 곧 번뇌를 영원히 끊고, 큰 약왕 나무와 같은 몸을 얻으며, 여의보주와 같은 몸을 얻어서 일체 보살의 행을 닦고 행하기를 서원하니, 광대하기가 법계와 같고 구경에 허공과 같아서 미래제가 다하도록 일체 겁의 수효에 쉬지 않는다.'라고 합니다.

又發大願 願於一切世界 成阿耨多羅三藐三菩提 不離一
毛端處 於一切毛端處 皆悉示現初生出家 詣道場成正覺
轉法輪入涅槃 得佛境界大智慧力 於念念中 隨一切衆生
心 示現成佛 令得寂滅 以一三菩提 知一切法界 卽涅槃
相 以一音說法 令一切衆生 心皆歡喜 示入大涅槃 而不
斷菩薩行 示大智慧地 安立一切法 以法智通 神足通 幻
通 自在變化 充滿一切法界 廣大如法界 究竟如虛空 盡未
來際 一切劫數 無有休息

또 대원을 발하기를 '일체 세계에서 아뇩다라삼먁삼보리를 이루되, 한 털끝만 한 곳을 여의지 않으면서 일체 털끝만 한 곳에서도 처음 태어남과 출가함과 도량에 나아감과 정각을 이룸과 법륜을 굴림과 열반에 들어감을 모두 나타내 보이고, 부처님의 경계인 큰 지혜의 힘을 얻어 생각마다 일체 중생의 마음을 따라 부처를 이루는 것을 나타내 보여서 적멸함을 얻게 하며, 온통인 삼보리(三菩提)*로써 일체 법계가 곧 열반상임을 알고, 온통인 음성으로써 법을 설하여 일체 중생으로 하여금 마음을 다 환희하게 하며, 큰 열반에 들어감을 보이되 보살의 행을 끊지 않고, 큰 지혜의 지위를 보여 일체 법을 안립하며, 법지통*과 신족통*과 환통*으로써 자재하게 변화하여 일체 법계에 충만하기를 서원하니, 광대하기가 법계와 같고 구경에 허공과 같아서 미래제가 다하도록 일체 겁의 수효에 쉬지 않는다.'라고 합니다.

佛子 菩薩 住歡喜地 發如是大誓願 如是大勇猛 如是大作
用 以此十願門爲首 滿足百萬阿僧祇大願 佛子 此大願 以
十盡句 而得成就 何等 爲十 所謂衆生界盡 世界盡 虛空
界盡 法界盡 涅槃界盡 佛出現界盡 如來智界盡 心所緣
界盡 佛智所入境界界盡 世間轉法轉智轉界盡

불자들이여, 보살이 환희지에 머물러 이와 같은 큰 서원과 이와 같은 큰 용맹함과 이와 같은 큰 작용을 발하여서 이 열 가지 서원의 문을 첫째로 삼아 백만 아승기수의 대원을 원만하게 구족합니다.

불자들이여, 이 대원은 열 가지 다하는 글귀로써 성취함을 얻으니, 어떤 것을 열 가지라 합니까?

중생계가 다하고, 세계가 다하며, 허공계가 다하고, 법계가 다하며, 열반계가 다하고, 부처님께서 출현하시는 경계가 다하며, 여래의 지혜의 경계가 다하고, 마음의 반연하는 경계가 다하며, 부처님 지혜에 들어가는 경계의 세계가 다하고, 세간의 굴림과 법의 굴림과 지혜의 굴림의 경계가 다하는 것입니다.

若衆生界盡 我願乃盡 若世界 乃至世間轉法轉智轉界盡
我願乃盡 而衆生界 不可盡 乃至世間轉法轉智轉界 不可
盡故 我此大願善根 無有窮盡 佛子 菩薩 發如是大願已
則得利益心 柔軟心 隨順心 寂靜心 調伏心 寂滅心 謙下
心 潤澤心 不動心 不濁心 成淨信者 有信功用 能信如來
本行所入 信成就諸波羅蜜 信入諸勝地

'만약 중생계가 다한다면 나의 서원도 다하고, 만약 세계와 더 나아가서 세간의 굴림과 법의 굴림과 지혜의 굴림의 경계가 다한다면 나의 서원도 다한 것이며, 중생계가 다하지 못하면 더 나아가서 세간의 굴림과 법의 굴림과 지혜의 굴림의 경계가 다하지 못한 것이므로 나의 이 서원의 선근도 다함이 없다.'라고 합니다.

불자들이여, 보살이 이와 같은 대원을 발하고는 곧 이익 되게 하는 마음과 부드러운 마음과 수순하는 마음과 고요한 마음과 조복하는 마음과 적멸한 마음과 겸손하게 낮추는 마음과 윤택한 마음과 움직이지 않는 마음과 혼탁하지 않은 마음을 얻습니다.

깨끗한 믿음을 이룬 이는 믿음의 공용(功用)*이 있으니, 여래의 본래 행에 들어간 바를 믿고, 모든 바라밀을 성취함을 믿으며, 모든 뛰어난 지위에 들어감을 믿고,

信成就力 信具足無所畏 信生長不可壞不共佛法 信不思
議佛法 信出生無中邊佛境界 信隨入如來無量境界 信成
就果 擧要言之 信一切菩薩行 乃至如來智地說力故 佛子
此菩薩 復作是念 諸佛正法 如是甚深 如是寂靜 如是寂
滅 如是空 如是無相 如是無願 如是無染 如是無量 如是
廣大

힘을 성취함을 믿으며, 두려움 없는 바를 구족함을 믿고, 무너뜨릴 수 없는 불공불법이 자라남을 믿으며, 부사의한 불법을 믿고, 중간과 끝이 없는 부처님의 경계에 태어남을 믿으며, 여래의 한량없는 경계에 따라 들어감을 믿고, 과위를 성취함을 믿으며, 요컨대 일체 보살의 행과 더 나아가서 여래의 지혜의 지위를 설하는 힘을 믿는 까닭입니다.

불자들이여, 이 보살이 다시 이런 생각을 하기를 '모든 부처님의 정법이 이와 같이 매우 깊고, 이와 같이 적정하며, 이와 같이 적멸하고, 이와 같이 공하며, 이와 같이 상이 없고, 이와 같이 서원이 없으며, 이와 같이 물듦이 없고, 이와 같이 한량이 없으며, 이와 같이 광대하다.

而諸凡夫 心墮邪見 無明覆翳 立憍慢高幢 入渴愛網中 行
諂誑稠林 不能自出 心與慳嫉 相應不捨 恒造諸趣受生因
緣 貪恚愚癡 積集諸業 日夜增長 以忿恨風 吹心識火 熾
然不息 凡所作業 皆顚倒相應 欲流 有流 無明流 見流 相
續起心意識種子 於三界田中 復生苦芽 所謂名色 共生不
離 此名色 增長 生六處聚落 於中 相對生觸 觸故 生受
因受生愛 愛增長故 生取

모든 범부는 마음이 삿된 견해에 떨어져서 무명에 덮혀 가려지고, 교만의 높은 당기를 세우며, 갈애의 그물 가운데 들어가고, 아첨과 속임의 빽빽한 숲속에 가서 스스로 벗어나지 못하며, 간탐과 질투에 상응하는 마음을 버리지 않고, 육도에 태어나는 인연을 항상 지으며, 탐냄과 성냄과 어리석음으로 모든 업을 쌓아서 밤낮으로 더욱 더하고, 분함과 원한의 바람이 마음의 알음알이에 불을 붙여서 쉼없이 불길이 타오르며, 짓는 업이 모두 전도됨과 상응하고, 욕심의 흐름*과 있음의 흐름*과 무명의 흐름*과 견해의 흐름*이 서로 이어져 심의식의 종자를 일으킨다.

　　삼계의 밭 가운데 다시 괴로움의 싹을 내니, 명색(名色)이 같이 나서 여의지 못하고, 이 명색이 더욱 더하여 육처가 모여 사는 곳이 생기며, 그 가운데 서로를 대하여 촉(觸)이 생기고, 촉을 인하여 수(受)가 생기며, 수를 인하여 애(愛)가 생기고, 애가 더욱 더하여 취(取)가 생기며,

取增長故 生有 有生故 有生老死 憂悲苦惱 如是衆生 生
長苦聚 是中皆空 離我我所 無知無覺 無作無受 如草木
石壁 亦如影像 然諸衆生 不覺不知 菩薩 見諸衆生 於如
是苦聚 不得出離 是故 即生大悲智慧 復作是念 此諸衆
生 我應救拔 置於究竟安樂之處 是故 即生大慈光明智

취가 더욱 더하여 유(有)가 생기고, 유가 생기므로 생(生)과 노사(老死)와 근심과 슬픔과 괴로움이 있다.

이와 같이 중생들은 괴로움의 무더기에서 자라되 이 가운데 다 공하여서 나와 나의 곳을 여의어 아는 것도 없고 깨닫는 것도 없으며, 짓는 것도 없고 받는 것도 없으니, 마치 풀과 나무와 돌과 벽과 같고, 또한 영상과 같거늘 모든 중생은 깨닫지도 못하고 알지도 못한다.'라고 합니다.

보살은 모든 중생이 이와 같은 괴로움의 무더기에서 벗어나지 못함을 보고 이런 까닭으로 곧 대비와 지혜를 내어 다시 이런 생각을 하기를 '이 모든 중생을 내가 빨리 구제하여 구경에 편안하고 즐거운 지위에 두리니 이런 까닭으로 곧 대자와 광명의 지혜를 내리라.'라고 합니다.

佛子 菩薩摩訶薩 隨順如是大悲大慈 以深重心 住初地時
於一切物 無所悋惜 求佛大智 修行大捨 凡是所有 一切
能施 所謂財穀倉庫 金銀摩尼 眞珠琉璃 珂貝璧玉 珊瑚
等物 珍寶瓔珞嚴身之具 象馬車乘 奴婢人民 城邑聚落 園
林臺觀 妻妾男女 內外眷屬 及餘所有珍玩之具 頭目手足
血肉骨髓 一切身分 皆無所惜 爲求諸佛廣大智慧 是名菩
薩 住於初地 大捨成就

불자들이여, 보살마하살이 이와 같은 대비와 대자를 수순하여 깊고 두터운 마음으로 초지에 머물 때에 일체 물건을 아끼지 않고 부처님의 큰 지혜를 구하여서 대사(大捨)를 닦고 행하여 가진 일체를 보시하니, 재물과 곡식과 창고와 금과 은과 마니와 진주와 유리와 가패와 벽옥과 산호 등의 물건과 진귀한 보배와 영락으로 몸을 장엄하는 도구와 코끼리와 말과 수레와 노비와 백성과 성읍과 취락과 원림과 누대와 처첩과 남녀와 안과 밖의 권속과 나머지 모든 진귀한 놀이 도구와 머리와 눈과 손과 발과 피와 살과 뼈와 골수와 일체 몸의 부분을 모두 아낌없이 하여 모든 부처님의 광대한 지혜를 구합니다.

　이것을 보살이 초지에 머물러 대사를 성취하는 것이라 이름합니다.

佛子 菩薩 以此慈悲大施心 爲欲救護一切衆生 轉更推求
世出世間諸利益事 無疲厭故 卽得成就無疲厭心 得無疲
厭心已 於一切經論 心無怯弱 無怯弱故 卽得成就一切經
論智 獲是智已 善能籌量應作不應作 於上中下一切衆生
隨應隨力 隨其所習 如是而行 是故 菩薩 得成世智 成世
智已 知時知量 以慚愧莊嚴 勤修自利利他之道

불자들이여, 보살이 이 자비와 큰 보시의 마음으로 일체 중생을 구호하고자 더욱더 세간과 출세간의 모든 이익 되는 일을 추구하되 피로해 하거나 싫어함이 없는 까닭으로 곧 피로해 하거나 싫어함이 없는 마음을 성취합니다.

피로해 하거나 싫어함이 없는 마음을 얻고는 일체 경론에 마음이 겁약함이 없고, 겁약함이 없는 까닭으로 곧 일체 경론의 지혜를 성취합니다.

이 지혜를 얻고는 지어야 할 것과 짓지 않아야 할 것을 잘 헤아려서, 상·중·하의 일체 중생에게 응함을 따르고 힘을 따르며 그 익힌 바를 따라서 이와 같이 행하니, 이런 까닭으로 보살이 세간의 지혜를 이룹니다.

세간의 지혜를 이루고는 때도 알고 양도 알아서 부끄러움으로 장엄하여 자리이타의 도를 부지런히 닦으니,

是故 成就慚愧莊嚴 於此行中 勤修出離 不退不轉 成堅固
力 得堅固力已 勤供諸佛 於佛敎法 能如說行 佛子 菩薩
如是成就十種淨諸地法 所謂信慈悲喜捨 無有疲厭 知諸
經論 善解世法 慚愧堅固力 供養諸佛 依敎修行 佛子 菩
薩 住此歡喜地已 以大願力 得見多佛 所謂見多百佛 多千
佛 多百千佛 多億佛 多百億佛 多千億佛 多百千億佛 多
億那由他佛 多百億那由他佛 多千億那由他佛 多百千億那
由他佛

이런 까닭으로 부끄러움의 장엄을 성취하여 이 행 가운데 세간을 벗어나는 것을 부지런히 닦아 퇴전하지 않는 견고한 힘을 이룹니다.

견고한 힘을 얻고는 모든 부처님께 부지런히 공양 올려 부처님의 교법에 설하신 대로 행합니다.

불자들이여, 보살이 이와 같이 모든 지위를 깨끗하게 하는 열 가지 법을 성취하니, 신심과 자비와 희사와 피로해하거나 싫어하지 않는 것과 모든 경론을 아는 것과 세간법을 잘 아는 것과 부끄러움과 견고한 힘과 모든 부처님께 공양 올리는 것과 가르침을 의지해 수행하는 것입니다.

불자들이여, 보살이 이 환희지에 머물고는 큰 원력으로 수많은 부처님을 친견하니, 수백 부처님과 수천 부처님과 수백천 부처님과 수억 부처님과 수백억 부처님과 수천억 부처님과 수백천억 부처님과 수억 나유타 수의 부처님과 수백억 나유타 수의 부처님과 수천억 나유타 수의 부처님과 수백천억 나유타 수의 부처님을 친견합니다.

悉以大心深心 恭敬尊重 承事供養 衣服飲食 臥具醫藥
一切資生 悉以奉施 亦以供養一切衆僧 以此善根 皆悉廻
向無上菩提 佛子 此菩薩 因供養諸佛故 得成就衆生法
以前二攝 攝取衆生 謂布施愛語 後二攝法 但以信解力故
行 未善通達 是菩薩 十波羅蜜中 檀波羅蜜 增上 餘波羅
蜜 非不修行 但隨力隨分

모두 큰마음과 깊은 마음으로 공경하고 존중하며 받들어 모시고 공양 올리니, 의복과 음식과 와구와 의약과 일체 생활에 필요한 물건을 다 받들어 보시하고, 또한 일체 대중 스님에게 공양 올려서 이 선근으로 위 없는 보리에 모두 회향합니다.

불자들이여, 이 보살이 모든 부처님께 공양을 올리는 까닭으로 중생을 성취하는 법을 얻으니, 앞의 두 가지 포섭하는 것으로 중생을 거두어 보호함은 보시와 애어(愛語)*이고, 뒤의 두 가지 포섭하는 법은 단지 믿고 아는 힘으로 행하지만 아직은 잘 통달하지 못합니다.

이 보살은 십바라밀 가운데 보시바라밀을 더하니, 나머지 바라밀을 닦아 행하지 않는 것은 아니지만 다만 힘을 따르고 분을 따릅니다.

是菩薩 隨所勤修供養諸佛 敎化衆生 皆以修行淸淨地法
所有善根 悉以廻向 一切智地 轉轉明淨 調柔成就 隨意
堪用 佛子 譬如金師 善巧鍊金 數數入火 轉轉明淨 調柔
成就 隨意堪用 菩薩 亦復如是 供養諸佛 敎化衆生 皆爲
修行淸淨地法 所有善根 悉以廻向 一切智地 轉轉明淨
調柔成就 隨意堪用 佛子 菩薩摩訶薩 住於初地 應從諸
佛菩薩善知識所 推求請問 於此地中 相及得果 無有厭足
爲欲成就此地法故

이 보살이 곳에 따라 모든 부처님께 공양 올리고 중생을 교화함을 부지런히 닦으며, 청정한 지위의 법을 모두 닦고 행하며, 모든 선근으로 일체 지혜의 지위를 다 회향하여서 점점 더 밝고 깨끗해지며 조화롭고 유연함을 성취하여 뜻대로 씁니다.

불자들이여, 비유하면 금을 제련하는 사람이 금을 공교롭게 단련하기를 여러 번 불에 넣어 점점 더 밝고 깨끗해지며 조화롭고 유연함을 성취하여 뜻대로 쓰는 것과 같습니다.

보살도 또한 다시 이와 같아서 모든 부처님께 공양 올리고 중생을 교화하며, 청정한 지위의 법을 모두 닦고 행하며, 모든 선근으로 일체 지혜의 지위를 다 회향하여서 점점 더 밝고 깨끗해지며 조화롭고 유연함을 성취하여 뜻대로 씁니다.

불자들이여, 보살마하살이 초지에 머물러 모든 부처님과 보살과 선지식에게 이 지위 가운데 상(相)과 얻는 과(果)를 구하여 묻되 싫증냄이 없으니 이 지위의 법을 성취하고자 하는 까닭입니다.

亦應從諸佛菩薩善知識所 推求請問第二地中 相及得果
無有厭足 爲欲成就彼地法故 亦應如是推求請問第三第四
第五第六第七第八第九第十地中 相及得果 無有厭足 爲
欲成就彼地法故 是菩薩 善知諸地障對治 善知地成壞 善
知地相果 善知地得修 善知地法淸淨 善知地地轉行 善知
地地處非處 善知地地殊勝智 善知地地不退轉 善知淨治
一切菩薩地 乃至轉入如來地

또 모든 부처님과 보살과 선지식에게 제2지 가운데 상과 얻는 과를 구하여 묻되 싫증냄이 없으니 저 지위의 법을 성취하고자 하는 까닭입니다.

또 이와 같이 제3지, 제4지, 제5지, 제6지, 제7지, 제8지, 제9지, 제10지 가운데 상과 얻는 과를 구하여 묻되 싫증냄이 없으니 저 지위의 법을 성취하고자 하는 까닭입니다.

이 보살이 모든 지위의 장애에 대한 다스림을 잘 알고, 지위의 이루고 무너짐을 잘 알며, 지위의 상과 과를 잘 알고, 지위의 얻음과 닦음을 잘 알며, 지위의 법의 청정함을 잘 알고, 지위와 지위로 옮겨 행함을 잘 알며, 지위와 지위의 처(處)와 비처(非處)를 잘 알고, 지위와 지위의 수승한 지혜를 잘 알며, 지위와 지위의 불퇴전을 잘 알고, 일체 보살의 지위를 깨끗이 다스리고 더 나아가서 여래의 지위로 옮겨 들어감까지도 잘 압니다.

佛子 菩薩 如是善知地相 始於初地 起行不斷 如是乃至
入第十地 無有斷絶 由此諸地智光明故 成於如來智慧光
明 佛子 譬如商主 善知方便 欲將諸商人 往詣大城 未發
之時 先問道中功德過失 及住止之處 安危可不然後 具道
資糧 作所應作 佛子 彼大商主 雖未發足 能知道中 所有
一切安危之事 善以智慧 籌量觀察 備其所須 令無乏少 將
諸商衆 乃至安隱到彼大城 身及衆人 悉免憂患

불자들이여, 보살이 이와 같이 지위의 상을 잘 알아서 비로소 초지에서 행을 일으키되 끊어지지 않고, 이와 같이 더 나아가서 제10지에 들어가기까지 끊어짐이 없으니, 이 모든 지위의 지혜 광명으로 말미암아 여래의 지혜 광명을 이룹니다.

불자들이여, 비유하면 상주가 방편을 잘 알아서 모든 상인을 거느리고 큰 성으로 가서 이르르되 출발하기 전에 먼저 길 가운데 공덕과 과실과 그 밖에 머물러 있을 곳의 안위를 먼저 물은 연후에 길에서 필요한 양식을 갖추어 마땅히 할 바를 하는 것과 같습니다.

불자들이여, 저 큰 상주가 비록 출발하지 않았으나 도중에 있을 일체 안위의 일을 알아서 지혜로 잘 헤아려 관찰하고, 그 필요한 바를 마련하여 모자람이 없게 하니, 모든 상인의 무리를 거느리고 저 큰 성에 편안히 이르르게 되어서 자신과 여러 사람이 모두 우환을 면하게 됩니다.

佛子 菩薩商主 亦復如是 住於初地 善知諸地障對治 乃
至善知一切菩薩地淸淨 轉入如來地然後 乃具福智資糧
將一切衆生 經生死曠野險難之處 安隱得至薩婆若城 身
及衆生 不經患難 是故 菩薩 常應匪懈 勤修諸地殊勝淨業
乃至趣入如來智地 佛子 是名略說菩薩摩訶薩 入菩薩初地
門 廣說則有無量無邊百千阿僧祇差別事

불자들이여, 보살인 상주도 또한 다시 이와 같아서, 초지에 머물러 모든 지위의 장애에 대한 다스림을 잘 알고, 또한 일체 보살 지위의 청정함을 잘 알아서 여래의 지위에 들어간 연후에 복과 지혜의 필요한 양식을 갖추어 일체 중생을 거느리니, 생사의 넓은 벌판과 험난한 곳을 지나 살바야성에 편안히 이르르게 되어서 자신과 중생들이 환란을 겪지 않습니다.

이런 까닭으로 보살은 항상 게으르지 않아서 모든 지위의 수승하고 깨끗한 업을 부지런히 닦고 더 나아가서 여래의 지혜의 지위까지 나아갑니다.

불자들이여, 이것을 보살마하살이 보살 초지의 문에 들어감을 간략히 설한 것이라 이름하니, 널리 말하자면 곧 무량 무변 백천 아승기 수나 되는 차별된 일이 있습니다.

佛子 菩薩摩訶薩 住此初地 多作閻浮提王 豪貴自在 常護
正法 能以大施 攝取衆生 善除衆生 慳貪之垢 常行大施
無有窮盡 布施愛語利益同事 如是一切諸所作業 皆不離
念佛 不離念法 不離念僧 不離念同行菩薩 不離念菩薩行
不離念諸波羅蜜 不離念諸地 不離念力 不離念無畏 不離
念不共佛法 乃至不離念具足一切種 一切智智

불자들이여, 보살마하살이 이 초지에 머물러 흔히 염부제의 왕이 되어 귀하고 자재하며 항상 정법을 보호하고, 큰 보시로 중생들을 거두어 주어 중생의 인색함과 탐함의 허물을 잘 없애며, 항상 큰 보시를 행하되 다함이 없습니다.

보시와 애어와 이익과 동사, 이와 같이 일체 모든 짓는 업은 다 부처님을 생각하는 것을 여의지 않고, 법을 생각하는 것을 여의지 않으며, 스님을 생각하는 것을 여의지 않고, 함께 행하는 보살을 생각하는 것을 여의지 않으며, 보살의 행을 생각하는 것을 여의지 않고, 모든 바라밀을 생각하는 것을 여의지 않으며, 모든 지위를 생각하는 것을 여의지 않고, 십력을 생각하는 것을 여의지 않으며, 사무외를 생각하는 것을 여의지 않고, 불공불법을 생각하는 것을 여의지 않으며, 더 나아가서 일체종(一切種)*과 일체지의 지혜를 구족하려는 생각을 여의지 않는 것입니다.

復作是念 我當於一切衆生中 爲首 爲勝 爲殊勝 爲妙 爲微妙 爲上 爲無上 爲導 爲將 爲帥 乃至爲一切智 智依止者 是菩薩 若欲捨家 於佛法中 勤行精進 便能捨家妻子五欲 依如來敎 出家學道 旣出家已 勤行精進 於一念頃得百三昧 得見百佛 知百佛神力 能動百佛世界 能過百佛世界 能照百佛世界 能敎化百世界衆生 能住壽百劫 能知前後際各百劫事 能入百法門 能示現百身 於一一身 能示百菩薩 以爲眷屬

다시 이런 생각을 하기를 '내가 일체 중생 가운데 으뜸이 되고, 뛰어남이 되며, 수승함이 되고, 묘함이 되며, 미묘함이 되고, 위가 되며, 위 없음이 되고, 인도함이 되며, 거느림이 되고, 통솔함이 되며, 더 나아가서 일체지의 지혜에 의지하는 이가 되리라.'라고 합니다.

이 보살이 만약 집을 버리고 불문에 들어가고자 불법 가운데 부지런히 정진하게 되면 문득 집과 처자와 오욕을 버리고 여래의 가르침을 의지하며 출가하여 도를 배웁니다.

이윽고 출가하고는 부지런히 정진을 행하여 온통인 생각으로 백 삼매를 얻고, 백 부처님을 친견하며, 백 부처님의 위신력을 알고, 백 부처님의 세계를 움직이며, 백 부처님의 세계를 지나가고, 백 부처님의 세계를 비추며, 백 부처님 세계의 중생을 교화하고, 백 겁의 수명에 머무르며, 과거와 미래의 각각 백 겁의 일을 알고, 백 법문에 들어가며, 백 몸을 나타내 보이고, 낱낱의 몸에 백 보살을 권속으로 삼습니다.

若以菩薩殊勝願力 自在示現 過於是數 百劫千劫百千劫
乃至百千億那由他劫 不能數知

만약 보살의 수승한 원력으로 자재하게 나타내 보이면,
이 수를 지나서 백 겁과 천 겁과 백천 겁과 더 나아가서
백천억 나유타 수의 겁 동안 세어도 알 수 없습니다."

爾時 金剛藏菩薩 欲重宣其義 而說頌曰

若人集衆善
具足白淨法
供養天人尊
隨順慈悲道

信解極廣大
志樂亦淸淨
爲求佛智慧
發此無上心

이때 금강장보살이 그 뜻을 거듭 펴고자 게송으로 말하였다.

만약 어떤 사람이 온갖 착함을 모으면
밝고 깨끗한 법을 구족하고
부처님〔天人尊〕께 공양 올려서
자비의 도를 수순하네

믿음과 깨달음이 극히 광대하고
뜻의 즐거움이 또한 청정하니
부처님 지혜를 구하기 위해서
이 위 없는 마음을 발하네

淨一切智力
及以無所畏
成就諸佛法
救攝群生衆

爲得大慈悲
及轉勝法輪
嚴淨佛國土
發此最勝心

一念知三世
而無有分別
種種時不同
以示於世間

청정한 일체 지혜의 힘과
두려움 없음으로써
모든 불법을 성취하여
중생들을 거두어 구제하네

대자비를 얻고
수승한 법륜을 굴리며
불국토를 청정하게 장엄하여
이 가장 뛰어난 마음을 발하네

온통인 생각으로 삼세를 알되
분별함이 없으나
갖가지 때〔時〕가 같지 않음을
저 세간에 보이네

略說求諸佛
一切勝功德
發生廣大心
量等虛空界

悲先慧爲主
方便共相應
信解清淨心
如來無量力

無礙智現前
自悟不由他
具足同如來
發此最勝心

간략히 말하면 모든 부처님의
일체 뛰어난 공덕을 구하여서
광대한 마음을 발하니
그 양이 허공계와 같네

대비를 앞에 두는 지혜를 으뜸으로 삼아서
함께 상응하는 방편과
믿어 아는 청정한 마음이
여래의 한량없는 힘이네

걸림 없는 지혜가 목전에 나타나서
스스로 깨달아 그 밖에 것을 말미암지 않고
여래와 같이 구족하여서
이 가장 뛰어난 마음을 발하네

佛子始發生
如是妙寶心
則超凡夫位
入佛所行處

生在如來家
種族無瑕玷
與佛共平等
決成無上覺

纔生如是心
卽得入初地
志樂不可動
譬如大山王

불자들이 비로소
이와 같은 묘한 보배의 마음을 발하면
곧 범부의 지위를 초월하여
부처님이 행하신 지위에 들어가네

여래의 가문에 태어나니
종족에 허물이 없으며
부처님과 더불어 평등하여
결단코 위 없는 깨달음을 이루네

이와 같은 마음을 조금만 내어도
곧 초지에 들어감을 얻으니
뜻의 즐거움을 움직일 수 없음이
비유하면 큰 산왕과 같네

多喜多愛樂
亦復多淨信
極大勇猛心
及以慶躍心

遠離於鬪諍
惱害及瞋恚
慚敬而質直
善守護諸根

救世無等者
所有衆智慧
此處我當得
憶念生歡喜

수많은 기쁨과 수많은 좋아하고 즐거워함과
또한 수많은 깨끗한 믿음과
극히 크고 용맹한 마음과
뛸 듯이 경사스러운 마음이네

투쟁과 괴롭힘과
성냄을 멀리 여의어
부끄러워함과 공경함과 정직함으로
모든 근을 잘 수호하네

세간을 구제함에 같을 이 없는 이의
온갖 지혜를
이 지위에서 내가 얻으니
마음 깊이 지녀 잊지 않고 환희함을 내네

始得入初地
卽超五怖畏
不活死惡名
惡趣衆威德

以不貪着我
及以於我所
是諸佛子等
遠離諸怖畏

常行大慈愍
恒有信恭敬
慚愧功德備
日夜增善法

비로소 초지에 들어가
곧 다섯 가지 두려움을 초월하니
살지 못함과 죽음과 악명과
악취(趣)와 대중의 위덕이네

나와 나의 곳에
탐하여 집착하지 않아서
이 모든 불자가
모든 두려움을 멀리 여의네

항상 크게 사랑함과 불쌍히 여김을 행하고
항상 믿음과 공경함이 있으며
부끄러워하는 공덕을 갖추어
밤낮으로 착한 법을 더하네

樂法眞實利
不愛受諸欲
思惟所聞法
遠離取着行

不貪於利養
唯樂佛菩提
一心求佛智
專精無異念

修行波羅蜜
遠離諸虛誑
如說而修行
安住實語中

법의 참답고 실다운 이로움을 좋아하고
모든 욕락을 누리는 것은 좋아하지 않으며
들은 법을 사유하여서
취하여 집착하는 행을 멀리 여의네

이익을 탐하지 않고
오직 부처님의 보리를 좋아하며
한결같은 마음으로 부처님 지혜를 구하여서
오로지 정진하여 다른 생각이 없네

바라밀을 닦고 행하여
아첨과 거짓된 속임을 멀리 여의고
말한 바와 같이 닦고 행하여서
실다운 말 가운데 편안히 머무네

不污諸佛家
不捨菩薩戒
不樂於世事
常利益世間

修善無厭足
轉求增勝道
如是好樂法
功德義相應

恒起大願心
願見於諸佛
護持諸佛法
攝取大仙道

모든 부처님의 가문을 더럽히지 않고
보살계를 버리지 않으며
세간의 일을 좋아하지 않고
항상 세간을 이익 되게 하네

착함을 닦되 싫증냄이 없어서
뛰어난 도를 더욱더 구하니
이와 같이 법을 좋아하고 즐거워하여
공덕과 뜻이 상응하네

대원의 마음을 항상 일으켜서
모든 부처님을 친견하고
모든 불법을 보호하여 지니며
부처님〔大仙〕의 도를 받아들이기를 서원하네

常生如是願
修行最勝行
成熟諸群生
嚴淨佛國土

一切諸佛刹
佛子悉充滿
平等共一心
所作皆不空

一切毛端處
一時成正覺
如是等大願
無量無邊際

항상 이와 같은 원을 내어
가장 뛰어난 행을 닦고 행하여서
모든 중생을 성숙하게 하고
불국토를 청정하게 장엄하네

일체 모든 부처님세계에
불자들이 다 가득하여
함께 한마음으로 평등하니
하는 바가 다 헛되지 않네

일체 털끝만 한 곳에서
일시에 정각을 이루니
이와 같은 등의 대원이
한량없고 끝이 없네

虛空與眾生
法界及涅槃
世間佛出興
佛智心境界
如來智所入
及以三轉盡

彼諸若有盡
我願方始盡
如彼無盡期
我願亦復然

如是發大願
心柔軟調順
能信佛功德
觀察於眾生

허공과 중생과
법계와 열반과
세간과 부처님께서 출현하심과
부처님의 지혜와 마음의 경계와
여래의 지혜에 들어가는 것과
세 번 굴림*을 다함으로써

저 모든 유루의 세계를 만약 다한다면
나의 서원도 비로소 다하지만
그와 같은 것이 다할 기약이 없어
나의 서원도 또한 다시 그러하네

이와 같이 대원을 발하니
마음이 부드럽고 유순하여
부처님의 공덕을 믿고
중생을 관찰하며

知從因緣起
則興慈念心
如是苦衆生
我今應救脫

爲是衆生故
而行種種施
王位及珍寶
乃至象馬車

頭目與手足
乃至身血肉
一切皆能捨
心得無憂悔

인연으로 일어난 것인 줄을 알아
곧 자비한 생각을 일으켜
이와 같이 고통 받는 중생들을
내가 이제 구제하여 해탈하게 하리라

이 중생들을 위하는 까닭으로
갖가지로 보시를 행하고
왕의 지위와 진귀한 보배와
또한 코끼리와 말과 수레와

머리와 눈과 손과 발과
더 나아가서 몸과 피와 살까지
일체를 다 베풀어 주되
마음에는 근심과 후회함이 없네

求種種經書
其心無厭倦
善解其義趣
能隨世所行

慚愧自莊嚴
修行轉堅固
供養無量佛
恭敬而尊重

如是常修習
日夜無懈倦
善根轉明淨
如火鍊眞金

갖가지 경서를 구하되
그 마음에 싫어하거나 게으름이 없고
그 이치를 잘 알아서
세간의 행하는 바를 따르며

부끄러워함으로 스스로를 장엄하고
닦고 행함으로 더욱 견고하게 하면서
한량없는 부처님께 공양 올리고
공경하며 존중하네

이와 같이 항상 닦아 익히되
밤낮으로 게으름이 없어서
선근이 더욱 밝고 깨끗해짐이
마치 불에 진금을 단련함과 같네

菩薩住於此
淨修於十地
所作無障礙
具足不斷絶

譬如大商主
爲利諸商衆
問知道險易
安隱至大城

菩薩住初地
應知亦如是
勇猛無障礙
到於第十地

보살이 여기에 머물러서
십지를 청정하게 닦으니
짓는 바에 장애가 없어
끊어지지 않음을 구족하네

비유하면 큰 상주가
모든 상인의 무리를 이익 되게 하기 위해
길의 험난하고 쉬움을 물어 알아서
큰 성에 편안히 이르르게 하는 것과 같네

보살이 초지에 머무름도
또한 이와 같음을 알아
용맹하고 장애가 없이
제10지까지 이르르네

住此初地中
作大功德王
以法化衆生
慈心無損害

統領閻浮地
化行靡不及
皆令住大捨
成就佛智慧

欲求最勝道
捨己國王位
能於佛教中
勇猛勤修習

이 초지 가운데 머물러
큰 공덕의 왕이 되어
법으로 중생들을 교화하니
손해가 없는 자비한 마음이네

염부의 땅을 다스림에
교화의 행이 미치지 않음이 없고
모두로 하여금 대사에 머물러
부처님의 지혜를 성취하게 하네

가장 뛰어난 도를 구하려
국왕의 지위를 버리고
부처님의 가르침 가운데
용맹하고 부지런히 닦아 익히네

則得百三昧

及見百諸佛

震動百世界

光照行亦爾

化百土衆生

入於百法門

能知百劫事

示現於百身

及現百菩薩

以爲其眷屬

若自在願力

過是數無量

곧 백 삼매를 얻고
모든 백 부처님을 친견하며
백 세계를 진동하니
광명을 비추는 행 또한 그러하네

백 국토의 중생을 교화하고
백 법문에 들어가며
백 겁의 일을 잘 알고
백 몸을 나타내 보이네

백 보살을 나타내어
그로써 권속을 삼되
만약 원력을 자재하면
이 수를 지나서 한량이 없네

我於地義中
略述其少分
若欲廣分別
億劫不能盡

菩薩最勝道
利益諸群生
如是初地法
我今已說竟

내가 초지의 뜻 가운데
그 적은 부분을 간략히 말하니
만약 널리 분별하고자 한다면
억겁에도 다하지 못하네

보살의 가장 뛰어난 도로
모든 중생을 이익 되게 하니
이와 같은 초지의 법을
내가 이제 설해 마쳤네

농선 대원 선사 결문

농선 대원 선사 결문(決文)

문 : 보살의 초지행을 간략히 일러주십시오.

답 : 작고 작은 일일지라도 옳지 않은 일은 하지 않고
　　작고 작은 일일지라도 옳은 일은 다 하는 것이다.

문 : 어찌해야 그렇게 되겠습니까?

답 : 소를 거꾸로 타고 들라.

문 : 모르겠습니다.

답 : 악!

∽ 미주

* 공용(功用) : 몸·입·뜻으로 짓는 것. 분별하고 차별하는 의식
  작용으로 일으키는 행위·말·생각을 말한다.
* 괴상(壞相) : ⇒육상를 참조.
* 견해의 흐름〔見流〕: ⇒사류를 참조.
* 동상(同相) : ⇒육상를 참조.
* 무명의 흐름〔無明流〕: ⇒사류를 참조.
* 법지통(法智通) : 일체 법에 성품도 상도 없음을 관찰하는 능력
  을 말한다.
* 별상(別相) : ⇒육상를 참조.
* 보리분법(菩提分法) : 깨달음을 얻기 위한 수행 방법. 칠각지,
  삼십칠조도품 등을 말한다. 보리분(菩提分), 각지(覺支), 각분
  (覺分)이라고도 한다.
* 사류(四流) : 번뇌가 폭류와 같이 빨리 흐르고, 언덕을 무너뜨
  리며, 나무를 떠내려 보내는 등 선(善)을 떠내려 보내는 것에
  비유한 것. 폭류와 같은 삼계의 번뇌를 네 가지 종류로 구별한
  것을 말한다. 사폭류(四暴流)라고도 하며, 멍에에 비유한 사액
  (四軛)과 같다. ① 욕심의 흐름〔欲流〕 - 욕심을 추구하는 욕계
  에서 견(見)과 무명을 제외한 모든 번뇌. ② 있음의 흐름〔有流〕
  - 있음을 추구하는 색계·무색계에서 견과 무명을 제외한 모든

번뇌. ③ 견해의 흐름[見流] - 삼계의 그릇된 행을 추구하여 일어나게 되는 번뇌. ④ 무명의 흐름[無明流] - 삼계의 그릇된 행을 추구하는 인연이 되는 모든 번뇌.

* 사무외(四無畏) : 십팔불공법의 하나이다. 불보살이 설법을 할 때 두려움을 갖지 않는 네 가지의 덕을 말한다. 사무소외(四無所畏)라고도 한다. 부처에게 갖추어진 사무외는 다음의 네 가지이다. ① 정등각무외(正等覺無畏) - 일체 모든 법을 평등하게 깨달아 지혜를 얻었기에 두려움이 없는 것. ② 누영진무외(漏永盡無畏) - 모든 번뇌를 영원히 다했기에 두려움이 없는 것. ③ 설장법무외(說障法無畏) - 수행에 장애가 되는 모든 것을 다 설했기에 두려움이 없는 것. ④ 설출도무외(說出道無畏) - 세간에서 벗어나는 요긴한 길을 설했기에 두려움이 없는 것. 보살에게 갖추어진 사무외는 다음의 네 가지이다. ① 능지무외(能持無畏) - 들은 교법과 다라니를 잘 잊지 않고 남에게 설하는 데 두려움이 없는 것. ② 지근무외(知根無畏) - 중생의 근기를 잘 살펴 설하는 데 두려움이 없는 것. ③ 결의무외(決疑無畏) - 중생의 의혹을 해결해 주는 데 두려움이 없는 것. ④ 답보무외(答報無畏) - 어떠한 질문에도 이치에 맞게 자유자재로 대답하는 데 두려움이 없는 것.

* 삼보리(三菩提) : 원문의 '삼보리(三菩提)'는 산스크리트어 saṃbodhi의 한역이다. 정각(正覺)·등각(等覺)을 말한다.

* 성상(成相) : ⇒육상을 참조.

* 세 가지 굴림〔三轉〕 : 부처님이 중생에게 이익을 주기 위해 굴리는 세 가지의 수승한 힘.

* 신족통(神足通) : 6신통 중의 하나. 뜻대로 아무 곳이나 갈 수 있는 신통을 말한다.

* 심의식(心意識) : 초기 불교에서는 심(心), 의(意), 식(識)은 같은 의미로 쓰이며 인식 주관 또는 인식 작용을 뜻하는데, 대체로 심의식이 함께 쓰일 때는 심리 작용을 총칭하여 마음의 활동 자체를 가리킨다. 유식설에서는 인식 작용을 8개로 나눈 8식을 제8식인 심(心), 제7식인 의(意), 육식인 식(識)의 세 가지로 분류하기도 한다.

* 애어(愛語) : 사섭법의 하나이다. 중생이 듣기에 좋은 말로써 불법으로 이끌어 구제해 주는 것을 말한다.

* 욕심의 흐름〔欲流〕 : ⇒사류를 참조.

* 육상(六相) : 만유의 법을 6종의 모양으로 나눈 총상·별상·동상·이상·성상·괴상을 말한다. ① 총상(總相) - 만유의 모든 것이 하나로 평등한 모양. ② 별상(別相) - 만유가 각각 서로

다른 차별된 모양. ③ 동상(同相) - 만유가 차별되어 있으나 서로 조화롭게 통일되어 있는 모양. ④ 이상(異相) - 만유가 차별되어 있어 각각의 본분을 지키며 서로 다른 모양. ⑤ 성상(成相) - 만유가 서로 의지하여 동일체를 성립한 모양. ⑥ 괴상(壞相) - 만유가 서로 의지하여 있으나 각각의 본분을 잃지 않은 모양.

* 이상(異相) : ⇒육상를 참조.

* 일체종(一切種) : 8식 중 8식에 해당하며, 나머지 일곱 가지의 모든 식을 가능하게 하는 가능성을 잠재하고 있는 종자와 같다는 의미로 이와 같이 말한다. 선악을 포용하는 거대한 바다와 같다고 하여 장식(藏識)이라고 번역하기도 한다. 일체종자식(一切種子識)과 아뢰야식(阿賴耶識)이라고도 한다.

* 있음의 흐름[有流] : ⇒사류를 참조.

* 자연지(自然智) : 공용을 빌리지 않고 자연히 생긴 부처님의 일체종지. 스승에게 가르침을 받지 않고 저절로 나는 지혜를 말하는 무사지(無師智)라고도 한다.

* 제일가는 뜻[第一義] : 원문의 '제일의(第一義)'는 산스크리트어 paramārtha의 한역이다. 가장 뛰어난 이치를 뜻하며, 열반, 진여, 실상, 중도, 법계, 진공 등의 깊고 묘한 도리를 말한다.

원성실성(圓成實性), 제일의제(第一義諦), 승의제(勝義諦), 진제(眞諦)라고도 한다.

* 총상(總相) : ⇒육상을 참조.

* 환희지(歡喜地) : 보살 52계위 가운데 십지 중 제1지. 보살이 처음으로 무루의 지혜를 얻어 성인의 지위를 증득하여 환희심에 차 있는 지위를 말한다.

* 환통(幻通) : 자기 뜻대로 모든 세상 일을 바꾸고 변화시킬 수 있는 신통을 말한다.

부록 1

불조정맥

불조정맥(佛祖正脈)

🌸 인 도

교조 석가모니불 (教祖 釋迦牟尼佛)
 1조 마하가섭 (摩訶迦葉)
 2조 아난다 (阿難陀)
 3조 상나화수 (商那和脩)
 4조 우바국다 (優波鞠多)
 5조 제다가 (堤多迦)
 6조 미차가 (彌遮迦)
 7조 바수밀 (婆須密)
 8조 불타난제 (佛陀難堤)
 9조 복타밀다 (伏馱密多)
10조 파율습박(협) (波栗濕縛, 脇)
11조 부나야사 (富那夜奢)
12조 아나보리(마명) (阿那菩堤, 馬鳴)
13조 가비마라 (迦毗摩羅)

14조 나가르주나(용수) (那閼羅樹那, 龍樹)

15조 가나제바 (迦那堤波)

16조 라후라타 (羅睺羅陀)

17조 승가난제 (僧伽難提)

18조 가야사다 (迦耶舍多)

19조 구마라다 (鳩摩羅多)

20조 사야다 (闍夜多)

21조 바수반두 (婆修盤頭)

22조 마노라 (摩拏羅)

23조 학륵나 (鶴勒那)

24조 사자보리 (師子菩提)

25조 바사사다 (婆舍斯多)

26조 불여밀다 (不如密多)

27조 반야다라 (般若多羅)

28조 보리달마 (菩提達磨)

🪷 중 국

29조 신광 혜가 (2 조 神光 慧可)

30조 감지 승찬 (3 조 鑑智 僧璨)

31조 대의 도신 (4 조 大醫 道信)

32조 대만 홍인 (5 조 大滿 弘忍)

33조 대감 혜능 (6 조 大鑑 慧能)

34조 남악 회양 (7 조 南嶽 懷讓)

35조 마조 도일 (8 조 馬祖 道一)

36조 백장 회해 (9 조 百丈 懷海)

37조 황벽 희운 (10조 黃檗 希雲)

38조 임제 의현 (11조 臨濟 義玄)

39조 흥화 존장 (12조 興化 存獎)

40조 남원 혜옹 (13조 南院 慧顒)

41조 풍혈 연소 (14조 風穴 延沼)

42조 수산 성념 (15조 首山 省念)

43조 분양 선소 (16조 汾陽 善昭)

44조 자명 초원 (17조 慈明 楚圓)

45조 양기 방회 (18조 楊岐 方會)

46조 백운 수단 (19조 白雲 守端)

47조 오조 법연 (20조 五祖 法演)

48조 원오 극근 (21조 圓悟 克勤)

49조 호구 소륭 (22조 虎丘 紹隆)

50조 응암 담화 (23조 應庵 曇華)

51조 밀암 함걸 (24조 密庵 咸傑)

52조 파암 조선 (25조 破庵 祖先)

53조 무준 사범 (26조 無準 師範)

54조 설암 혜랑 (27조 雪岩 慧郎)

55조 급암 종신 (28조 及庵 宗信)

56조 석옥 청공 (29조 石屋 清珙)

한 국

57조 태고 보우 (1 조 太古 普愚)

58조 환암 혼수 (2 조 幻庵 混脩)

59조 구곡 각운 (3 조 龜谷 覺雲)

60조 벽계 정심 (4 조 碧溪 淨心)

61조 벽송 지엄 (5 조 碧松 智儼)

62조 부용 영관 (6 조 芙蓉 靈觀)

63조 청허 휴정 (7 조 淸虛 休靜)

64조 편양 언기 (8 조 鞭羊 彦機)

65조 풍담 의심 (9 조 楓潭 義諶)

66조 월담 설제 (10조 月潭 雪霽)

67조 환성 지안 (11조 喚醒 志安)

68조 호암 체정 (12조 虎巖 體淨)

69조 청봉 거안 (13조 靑峰 巨岸)

70조 율봉 청고 (14조 栗峰 靑杲)

71조 금허 법첨 (15조 錦虛 法沾)

72조 용암 혜언 (16조 龍巖 慧言)

73조 영월 봉율 (17조 詠月 奉律)

74조 만화 보선 (18조 萬化 普善)

75조 경허 성우 (19조 鏡虛 惺牛)

76조 만공 월면 (20조 滿空 月面)

77조 전강 영신 (21조 田岡 永信)

78대 농선 대원 (22대 弄禪 大圓)

농선 대원 선사님
인가 내력

농선 대원 선사님 인가 내력

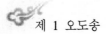

제 1 오도송

이 몸을 끄는 놈 이 무슨 물건인가?
골똘히 생각한 지 서너 해 되던 때에
쉬이하고 불어온 솔바람 한 소리에
홀연히 대장부의 큰 일을 마치었네

무엇이 하늘이고 무엇이 땅이런가
이 몸이 청정하여 이러-히 가없어라
안팎 중간 없는 데서 이러-히 응하니
취하고 버림이란 애당초 없다네

하루 온종일 시간이 다하도록
헤아리고 분별한 그 모든 생각들이

옛 부처 나기 전의 오묘한 소식임을
듣고서 의심 않고 믿을 이 누구인가!

此身運轉是何物
疑端汨沒三夏來
松頭吹風其一聲
忽然大事一時了

何謂靑天何謂地
當體淸淨無邊外
無內外中應如是
小分取捨全然無

一日於十有二時
悉皆思量之分別
古佛未生前消息
聞者卽信不疑誰

농선 대원 선사님의 스승이신 불조정맥 제77조 조계종(曹溪宗) 전
강(田岡) 대선사님께서 1962년 대구 동화사의 조실로 계실 당시 농
선 대원 선사님께서도 동화사에 함께 머무르고 계셨다.
하루는, 전강 대선사님께서 대원 선사님의 3연으로 되어 있는 제
1오도송을 들어 깨달은 바는 분명하나 대개 오도송은 짧게 짓는다

고 말씀하셨다. 이에 대원 선사님께서는 제1오도송을 읊은 뒤, 도솔암을 떠나 김제들을 지나다가 석양의 해와 달을 보고 문득 읊었던 제2오도송을 일러드렸다.

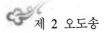 제 2 오도송

해는 서산 달은 동산 덩실하게 얹혀 있고
김제의 평야에는 가을빛이 가득하네
대천이란 이름자도 서지를 못하는데
석양의 마을길엔 사람들 오고 가네

日月兩嶺載同模
金提平野滿秋色
不立大千之名字
夕陽道路人去來

제2오도송을 들으신 전강 대선사님께서는 이에 그치지 않고 그와 같은 경지를 담은 게송을 이 자리에서 즉시 한 수 지어볼 수 있겠냐고 하셨다. 대원 선사님께서는 곧바로 다음과 같이 읊으셨다.

바위 위에는 솔바람이 있고

산 아래에는 황조가 날도다
대천도 흔적조차 없는데
달밤에 원숭이가 어지러이 우는구나

岩上在松風
山下飛黃鳥
大千無痕迹
月夜亂猿啼

전강 대선사님께서는 위 송의 앞의 두 구를 들으실 때만 해도 지그시 눈을 감고 계시다가 뒤의 두 구를 마저 채우자 문득 눈을 뜨고 기뻐하는 빛이 역력하셨다.

그러나 전강 대선사님께서는 여기에서도 그치지 않고 다시 한 번 물으셨다.

"대중들이 자네를 산으로 불러내고 그중에 법성(향곡 스님 법제자인 진제 스님. 동화사 선방에 있을 당시에 '법성'이라 불렸고, 나중에 '법원'으로 개명하였다.)이 달마불식(達磨不識) 도리를 일러보라 했을 때 '드러났다'라고 답했다는데, 만약에 자네가 당시의 양무제였다면 '모르오'라고 이르고 있는 달마 대사에게 어떻게 했겠는가?"

대원 선사님께서 답하셨다.

"제가 양무제였다면 '성인이라 함도 서지 못하나 이러-히 짐의 덕화와 함께 어우러짐이 더욱 좋지 않겠습니까?' 하며 달마 대사의 손을 잡아 일으켰을 것입니다."

전강 대선사님께서 탄복하며 말씀하셨다.

"어느새 그 경지에 이르렀는가?"

"이르렀다곤들 어찌 하며, 갖추었다곤들 어찌 하며, 본래라곤들 어찌 하리까? 오직 이러-할 뿐인데 말입니다."

대원 선사님께서 연이어 말씀하시자 전강 대선사님께서 이에 환희하시니 두 분이 어우러진 자리가 백아가 종자기를 만난 듯, 고수 명창 어울리듯 화기애애하셨다.

달마불식 공안에 대한 위의 문답은 내력이 있는 것이다. 전강 대선사님께서 대원 선사님을 부르기 며칠 전에, 저녁 입선 시간 중에 노장님 몇 분만이 자리에 앉아있을 뿐 자리가 텅텅 비어 있었다고 한다.

대원 선사님께서 이상히 여기고 있던 중, 밖에서 한 젊은 수좌가 대원 선사님을 불렀다. 그 수좌의 말이 스님들이 모두 윗산에 모여 기다리고 있으니 가자고 하기에 무슨 일인가 하고 따라가셨다.

그러자 그 자리에 있던 법성 스님이 보자마자 달마불식 법문을 들고 이르라고 하기에 지체없이 답하셨다.

"드러났다."

곁에 계시던 송암 스님께서 또 안수정등 법문을 들고 물으셨다.

"여기서 어떻게 살아나겠소?"

대뜸 큰소리로 이르셨다.

"안·수·정·등."

이에 좌우에 모인 스님들이 함구무언(緘口無言)인지라 대원 선사님께서는 먼저 그 자리를 떠나 내려와 버리셨다.

그 다음날 입승인 명허 스님께서 아침 공양이 끝난 자리에서 지난 밤 입선시간 중에 무단으로 자리를 비운 까닭을 묻는 대중 공사를 붙여 산 중에서 있었던 일들이 낱낱이 드러나고 말았다. 그리하여 입선시간 중에 자리를 비운 스님들은 가사 장삼을 수하고 조실인 전강 대선사님께 참회의 절을 했던 일이 있었다.

전강 대선사님께서는 이때에 대원 선사님께서 달마불식 도리에 대해 일렀던 경지를 점검하셨던 것이다.

이런 철저한 검증의 자리가 있었던 다음 날, 전강 대선사님께서 부르시기에 대원 선사님께서 가보니 주지인 월산(月山) 스님께서 모든 것이 약조된 데에서 입회해 계셨으며 전강 대선사님께서는 곧바로 다음과 같이 전법게(傳法偈)를 전해주셨다.

 전 법 게

부처와 조사도 일찍이 전한 것이 아니거늘
나 또한 어찌 받았다 하며 준다 할 것인가
이 법이 2천년대에 이르러서
널리 천하 사람을 제도하리라

佛祖未曾傳
我亦何受授
此法二千年
廣度天下人

　덧붙여 이 일은 월산 스님이 증인이며 2000년까지 세 사람 모두 절대 다른 사람이 알게 하거나 눈에 띄게 하지 않아야 한다고 당부하셨다.

　만약 그러지 않을 시에는 대원 선사님께서 법을 펴 나가는데 장애가 있을 것이라고 예언하셨다. 또한 각별히 신변을 조심하라 하시고 월산 스님에게 명령해 대원 선사님을 동화사의 포교당인 보현사에 내려가 교화에 힘쓰게 하셨다.

　대원 선사님께서 보현사로 떠나는 날, 전강 대선사님께서는 미리 적어두셨던 부송(付頌)을 주셨으니 다음과 같다.

 부 송

　어상을 내리지 않고 이러-히 대한다 함이여
　뒷날 돌아이가 구멍 없는 피리를 불리니
　이로부터 불법이 천하에 가득하리라

不下御床對如是
後日石兒吹無孔
自此佛法滿天下

위의 송의 '어상을 내리지 않고 이러-히 대한다 함이여'라는 첫째 줄 역시 내력이 있는 구절이다.

전에 대원 선사님께서 전강 대선사님을 군산 은적사에서 모시고 계실 당시 마당에서 홀연히 마주쳤을 때 다음과 같은 문답이 있었다.

전강 대선사님께서 물으셨다.

"공적(空寂)의 영지(靈知)를 이르게."

대원 선사님께서 대답하셨다.

"이러-히 스님과 대담(對談)합니다."

"영지의 공적을 이르게."

"스님과의 대담에 이러-합니다."

"어떤 것이 이러-히 대담하는 경지인가?"

"명왕(明王)은 어상(御床)을 내리지 않고 천하 일에 밝습니다."

위와 같은 문답 중에 대원 선사님께서 답하신 경지를 부송의 첫째 줄에 담으신 것이다.

전강 대선사님께서 대원 선사님을 인가(印可)하신 과정을 볼 때 한 번, 두 번, 세 번을 확인하여 철저히 점검하신 명안종사의 안목에 탄복하지 않을 수 없으며 이에 끝까지 1초의 머뭇거림도 없이 명철하셨던 대원 선사님께 찬탄하지 않을 수 없다.

그리하여 법열로 어우러진 두 분의 자리가 재현된 듯 함께 환희 용약하지 않을 수 없다.

이제 전강 대선사님과 약속한 2천년대를 맞이하였으므로 여기에 전법게를 밝힌다.

이로써 경허, 만공, 전강 대선사님으로 내려온 근대 대선지식의 정법의 횃불이 이 시대에 이어져 전강 대선사님의 예언대로 불법이 천하에 가득할 것이다.

21세기에
인류가 해야 할 일

21세기에 인류가 해야 할 일

　이 사람은 1962년 26세 때부터 21세기에 인류에게 닥칠 공해문제, 에너지문제를 예견하고 대체에너지(무한원동기, 태양력, 파력, 풍력 등) 개발과 '울 안의 농법'을 연구하고 그 필요성을 많은 이들에게 이야기해 왔습니다.

　당시에는 너무 시대를 앞서가는 이야기여서인지 일반인들이 수용하지 못하고 오히려 불신의 눈으로 바라보며 이 사람의 법마저 의심하였습니다. 하지만 현대에 있어서는 이것이 인류가 해결해야 할 가장 절박한 사안이 되어 있습니다.

　'사막화방지 국제연대'를 설립한 것도 현재 인류가 해결해야 할 가장 절박한 지구환경문제를 이슈화시키고 그 해결책을 제시하여 재앙에 직면한 지구촌을 살리기 위해서입니다.

　'사막화방지 국제연대'에서 추진하고 있는 사막화 방지, 지구 초원화, 대체에너지 개발은 온 인류가 발 벗고 나서서 해야 할 일입니다.

첫째 사막화 방지에 있어서 기존에 해왔던 '나무심기 사업'은 천문학적인 예산과 많은 인력을 동원하고도 극도로 황폐한 사막화된 환경을 되살리는 데 실패하였습니다.

그래서 이 사람은 사막화 방지에 있어서는 '사막 해수로 사업'을 새로운 방안으로 제시하였습니다.

사막 해수로 사업은 사막화된 지역에 수도관을 매설하여 바닷물을 끌어들여서 염분에 강한 식물을 중심으로 자연생태계를 복원하는 사업입니다.

이것은 나무심기 사업으로 심은 나무들이 절대적으로 물이 부족하여 생존할 수 없었던 문제를 해결할 수 있는, 현재로서는 유일한 해결책입니다.

그러나 '사막화방지 국제연대'의 목적은 사막이 확장되는 것을 방지하자는 것이지 사막 전체를 완전히 없애자는 것은 아닙니다. 인체에서 심장이 모든 피를 전신의 구석구석까지 골고루 보내어 살아서 활동하게 하듯이 사막은 오히려 지구의 심장 역할을 하는 중요한 곳이기 때문입니다.

그래서 21세기에 있어서는 다만 사막의 확장을 방지할 뿐 아니라 사막을 어떻게 운용하느냐를 연구해야 합니다.

사막에 바둑판처럼 사방이 막힌 플륨관 수로를 설치하여 동, 서, 남, 북 어느 방향의 수로를 얼마만큼 채우느냐 비우느냐에 따라, 사막으로부터 사방 어느 방향으로든 거리까지 조절하여, 원하는 지역에 비를 내리게 하고 그치게 할 수 있습니다. 철저히 과학적인

데이터에 의해 이렇게 사막을 운용함으로써 21세기의 지구를 풍요로운 낙원시대로 만들어가야 합니다.

둘째로 지구를 초원화할 수 있는 방안으로서 3년간의 실험을 통해, 광활한 황무지 지역을 큰 비용을 들이거나 많은 인력을 동원하지 않고도 짧은 시간 내에 초지로 바꿀 수 있는 식물을 찾아냈습니다.

그것은 바로 '돌나물'입니다. 돌나물은 따로 종자를 심을 필요가 없이 헬리콥터나 비행기로 살포해도 생존, 번식할 수 있으며, 추위와 더위, 황폐한 땅에서도 살아남을 수 있는 생명력과 번식력이 강한 식물입니다.

지구환경을 되살리는 초지조성 사업에 있어서 이것이 큰 도움이 되리라 생각합니다.

셋째의 대체에너지 개발에 있어서는 태양력, 파력, 풍력 등 1962년도부터 이 사람이 연구하고 얘기해왔던 방법들이 이미 많이 개발되어 실용화한 단계에 있습니다.

이 세 가지 일은 한 개인이나 한 국가가 할 수 있는 일이 아닙니다. 모든 국가가 앞장서서 전 세계적인 사업으로 이루어져야 합니다. 모든 국가가 함께 한 기금조성이 이루어져야 하고 기금조성에 참여한 국가는 이 시스템에 의한 전면적인 혜택을 입을 수 있도록 해야 합니다.

인류 모두가 지혜를 모아 이 일에 전력을 다한다면 인류는 유사이래 가장 좋은 시절을 맞이하게 될 것이며, 만약 이 일을 남의 일인 양 외면한다면 극한의 재앙을 면할 수 없을 것입니다.

이 사람이 오래 전부터 얘기해왔던 '울 안의 농법'은 이미 미국 라스베이거스(Las Vegas)에서 30층짜리 '고층 빌딩 농장'으로 구현되었습니다. 그렇게 크게도 운영될 수 있지만 각자 자신의 집에서 이루어지는 '울 안의 농법'도 필요합니다.

21세기에 있어서 또 하나 인류가 만일의 사태를 대비해서 연구, 추진해야 될 일이 있다면 바닷속에서의 수중생활, 수중경작입니다.

지구가 심하게 온난화될 경우, 공기가 너무 많이 오염될 경우, 바닷물이 높아져 살 땅이 좁아질 경우 등에 대비할 때, 인류는 우주에서의 삶보다는 바닷속에서의 삶을 준비해야 합니다. 왜냐하면 그것이 훨씬 수월하고 비용도 절감할 수 있기 때문입니다.

이렇게 깨달은 이는 이변적으로는 깨달음을 얻게 하여 영생불멸의 삶을 영위할 수 있도록 만인을 이끌어야 하며 사변적으로는 일반인이 예측할 수 없는 백 년, 천 년 앞을 내다보아 이를 미리 앞서 대비하도록 만인의 삶을 이끌어줘야 한다고 생각합니다.

불법의 뜻은 다만 진리 전수에만 있는 것이 아니니, 만인이 서로 함께 영원한 극락을 누릴 때까지 물심양면으로, 이사일여로 베풀어 교화해야 하기 때문입니다.

가슴으로 부르는
불심의 노래

여기에 실린 것들은 모두 농선 대원 선사님
께서 직접 작사하신 곡들이다.

　수행의 길로 들어서게끔 신심, 발심을 북돋
아주는 곡으로부터 수행의 길로 접어든 이의
구도의 몸부림이 담겨있는 곡, 대승의 원력을
발해서 교화하는 보살의 자비심과 함께 낙원
세계를 누리는 풍류를 그려놓은 곡까지 가사
한마디, 한마디가 생생하여 그 뜻이 뼛속 깊이
새겨지고 그 멋에 흠뻑 취하게 된다.

　농선 대원 선사님께서는 거칠고 말초적인
요즘의 노래를 듣고 이러한 정서를 순화시키
고자, 또한 수행의 마음을 진작시키고자 하는
뜻에서 이 곡들을 작사하셨다.

🪷 가슴으로 부르는 불심의 노래 - 가사 목록

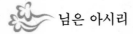 님은 아시리

1 부

1. 사계절의 풍광인들 위로되겠니
서사시의 음률인들 쉬어지겠니
뜻과 같이 되지 않아 기도에 젖은
이 마음 님은 아시리
한 세상 열정 쏟아 닦는 수행길
불보살님 출현하셔 베푼 자비에
모든 망상 모든 번뇌 없었으면 좋으련만
마음대로 안 되는 게 수행이더라, 수행이더라

2. 사계절의 풍광인들 위로되겠니
서사시의 음률인들 쉬어지겠니
뜻과 같이 되지 않아 기도에 젖은
이 마음 님은 아시리
청춘의 모든 욕망 사뤄버리고
회광반조 촌각 아낀 열정 쏟아서
이룬 선정 그 효력이 있었으면 좋으련만
마음대로 안 되는 게 보림이더라, 보림이더라

3. 사계절의 풍광인들 위로되겠니
서사시의 음률인들 쉬어지겠니
뜻과 같이 되지 않아 기도에 젖은
이 마음 님은 아시리
억겁의 모든 습성 꺾어보려고
갖은 노력 갖은 인내 온통 쏟아서
세월 잊은 보림 성취 있었으면 좋으련만
마음대로 안 되는 게 성불이더라, 성불이더라

2 부

1. 사계절의 풍광인들 비유되겠니
가릉빈가 음률인들 비교되겠니
뜻과 같이 자유자재 베풀어놓고
한없이 즐기시련만
그러한 대자유의 삶을 접고서
중생들을 구제하려 삼도에 출현
갖은 역경 어려움을 감내하는 자비로써
깨워주는 그 진리에 눈을 뜨거라, 눈을 뜨거라

2. 사계절의 풍광인들 비유되겠니
가릉빈가 음률인들 비교되겠니
뜻과 같이 자유자재 베풀어놓고
한없이 즐기시련만
억겁을 다하여도 끝이 없을 걸
알면서도 해내겠다 나선 님의 길
가시밭길 험난해도 일관하신 그 자비에
구류중생 깨달아서 정토 이루리, 정토 이루리

3. 사계절의 풍광인들 비유되겠니
가릉빈가 음률인들 비교되겠니
뜻과 같이 자유자재 베풀어놓고
한없이 즐기시련만
낙원의 모든 즐김 떨쳐버리고
삼악도를 낙원으로 이뤄놓겠다
촌각 아낀 그 열정에 모두 모두 감화되어
이 땅 위에 님의 소원 이뤄지리라, 이뤄지리라

불보살의 마음

1. 자비, 그 자비는 눈물이었네
불나방이 불을 쫓듯 가는 이
그래도 못 잊어서 버리지 못해
저리는 저리는 가슴, 그 가슴 안고서
눈물, 피눈물로 저리 부르네

2. 자비, 그 자비는 눈물이었네
제 살 길을 저버리는 이들을
그래도 못 잊어서 버리지 못해
저리는 저리는 가슴, 그 가슴 안고서
눈물, 피눈물로 저리 부르네

나의 노래

1. 노세 노세 봄놀이하세
대천세계 이 봄 경치
한산 습득 친구삼아
호연지기 즐겨볼까
얼씨구나 절씨구
아니나 즐기고 무엇하리

2. 노세 노세 봄놀이하세
걸음 쫓아 이른 곳곳
문수보현 벗을 삼아
화엄광장 춤춰볼까
얼씨구나 절씨구
아니나 즐기고 무엇하리

잘 사는 게 불법일세

1. 잘 사는 게 불법일세
우리 모두 관음보살 지장보살 생활 속에
모시면서
마음 비운 나날들로 바른 삶을 하노라면
불보살님 가피 속에 뜻 이뤄서 꽃을 피운
그런 날이 있을 걸세

2. 잘 사는 게 불법일세
우리 모두 관음보살 지장보살 생활 속에
모시면서
마음 비워 살아가며 시시때때 잊지 않고
참나 찾아 참구하는 그 정성도 함께하면
좋은 소식 있을 걸세

3. 잘 사는 게 불법일세
우리 모두 관음보살 지장보살 생활 속에
모시면서
틈틈으로 회광반조 사색으로 참나 깨쳐
화장세계 장엄하고 얼쉬얼쉬 어울리며
영원토록 웃고 사세

선승

토함산 소나무 위에 달빛도 조는데
단잠을 잊은 채 장승처럼 앉아있는
깊은 밤 선승의 그윽한 눈빛
고요마저 서지 못한 선정이라
대천도 흔적 없고 허공계도 머물 수 없는
수정 같은 광명이여, 화엄의 세계로세

우리 모두

우리 모두 만난 인생 즐겁게 살자
부딪치는 세상만사 웃으며 하자
인연으로 어우러진 세상사이니
풀어가는 삶이어야 하지 않겠니

몸종 노릇 하는 사이 맘 챙겨 살자
맑고 맑은 가을 허공 그렇게 비워
명상으로 정신세계 사무쳐보자
언젠가는 깨쳐 웃는 그날이 오리

한산 습득 껄껄 웃는 그러한 웃음
웃어가며 모든 일을 대하는 날로
활짝 펼쳐 어우러진 그러한 삶을
우리 모두 발원하며 즐겁게 살자

마음이 나로세

본래 마음이 나이건만
몸이 내가 된 삶이 되어
갖은 고통이 따랐다네

맘이 내가 된 삶으로서
갖은 고통이 없는 삶을
우리 누리고 살아보세

이리 쉽고도 쉬운 일을
어찌 등 돌린 삶으로서
고통 속에서 헤매는고

마음 수행을 모두 하여
나고 죽음이 없음으로
태평 세월을 누려보세

거룩한 만남

불법을 만난 건 행운 중 행운이고 내 생의 정점일세
거룩한 이 법을 만나는 사람이면 서로가 권하고 권을 하여
함께 하는 일상의 수행이 되어서 다 같이 누리는 낙원 이뤄
고통과 생사는 오간 데 없고 웃음과 평온만 넘치고 넘쳐
길이길이 끝이 없는 복락 누리세

여래의 큰 은혜 순간인들 잊으랴 수행해 크게 깨쳐
구제를 다함만 큰 은혜 갚음이니 노력과 실천 다해
우리 모두 씩씩한 낙원의 역군이 되어 봉화적인 이생의 삶
으로써
최선을 다하여 부끄럼 없는 대장부로, 은혜 갚는 장부로
길이길이 끝이 없는 복락 누리세

사람다운 삶

1. 사람이 사람다운 사람이 되려면
명상으로 비우고 비워서
고요의 극치에 이르러
자신을 발견한 슬기로써
마음을 다스리는 연마 후에
그 능력으로 모두가 살아가야
평화로운 세상이 활짝 열려
모두 함께 누릴 걸세

2. 서로가 다툼 없이 서로를 아껴서
마음으로 베풀고 베푸는
사회로 이루어 간다면
낙원이 멀리만 있는 것이 아니라
살고 있는 이대로가 낙원이란 걸
모두가 실감하는
우리들의 세상이 활짝 열려
모두 함께 누릴 걸세

🌸 즐거운 마음

1. 우리 모두 선택받은 제자 되어
즐거운 맘 하나 되어 축하합니다
그 무엇을 이룬들 이리 좋으며
황금보석 선물인들 이만하리까
부처님의 가르침만 따르오리다
실천하리라 실천하리라

2. 부처님의 뒤 이을 걸 맹세하며
다짐으로 즐기는 맘 가득합니다
당당하게 행보하는 구세의 역군
혼신 다해 낙원 이룬 이 세계에서
함께 사는 즐거움을 생각하며
노래합니다 노래합니다

🌸 사는 목적

우리 모두 행복을 찾아 영원을 찾아
내면 향해 비춰보는 명상으로
앉으나 서나 일을 하나 최선을 다하세
하루의 해가 서산을 붉게 물들이고
합장 기도하여 또 다짐과 맹서의 말
뜻 이루어 이 세상의 빛이 돼서
구류를 생사 고해에서 구제하는 사람으로
영원히 영원히 살 것입니다

🌸 바른 삶 1

우리 삶을 두고서 허무하다 누가 말했나
본래 마음이 나 아닌가
그 마음 나를 삼아 살면 되지
지금도 늦지 않네 우리 모두
오늘부터 모두들 마음으로 나를 삼아
길이길이 웃고들 사세

🌸 바른 삶 2

1. 어디어디 어디라 해도
마음 찾아 바로만 살면
그곳 바로 극락이라네
세상분들 귀담아듣고
사람 몸을 가졌을 때에
모든 고비 극복해내서
참선으로 참나를 깨쳐
걸림 없는 해탈의 세상
누려보세 누려들 보세

2. 어두운 곳 태양이 뜨듯
중생계에 불타 출현해
바른 삶으로 인도하셔
복된 날을 기약케 하니
아니아니 좋고 좋은가
이 몸 주인 통쾌히 깨쳐
억겁 업을 말끔히 씻고
걸림 없는 해탈의 세상
누려보세 누려들 보세

🌸 닮으렵니다

관세음보살 관세음보살
지극한 마음으로 닮으려고
오늘도 노력하며 주어진 일을 하면
하루가 훌쩍 가는 줄도 모른다오
관세음 관세음보살
님께서 베푸는 그 넓은 사랑을
이 맘 속에 기르고 길러서
실천하는 그런 장부 되어서
큰 은혜 갚을 겁니다

수행과 깨침

1. 그릴 수도 없는 마음, 만질 수도 없는 마음
찾으려는 수행이라 모든 것을 다 버리고
모든 생각 비우기를 몇천 번이었던가
머리 터져 피 흘려도 멈출 수가 없는 공부
이 공부가 아니던가

2. 놓지 못해 우두커니 장승처럼 뭐꼬 하고 앉았는데
앞뒤 없어 몸마저도 공해버린 여기에서 이러-한 채
시간 간 줄 모른 채로 눈을 감고 얼마간을 지나던 중
한 때 홀연 큰 웃음에 화장계일세

걱정 말라

1. 걱정 말라 걱정을 말라 불보살님 말씀대로만 행한다면
안 풀리는 일 없다 하지 않았던가
육근으로 보시를 하며 웃고 살자 웃고들 살자
백년 미만 우리네 인생, 세상 만사 마음먹기 달렸다고
일러주시지 않았던가 걱정을 말라

2. 이리 봐도 저리를 봐도 모두모두 내 살림일세
간섭할 수 없는 내 살림 아니아니 그러한가
이리 펼치고 저리 펼쳐 육문으로 지은 복덕
베푸는 맛이 아니 좋은가 우리 사는 지구인 별 함께 가꿔
낙원으로 만들어서 살아들 보세

정한 일일세

우리네 삶이란 것
풀끝 이슬 아니던가
서로서로 위로하고 아끼면서
우리 모두 착한 삶이
이어져 가노라면
언젠가는 행복한
그날이 우리에게
찾아오는 것 정한 일일세
찾아오는 것 정한 일일세

여기가 낙원

참나 찾아 영원을 향해
한눈 안 팔고 노력하고
가정 위해 사회를 위해
뛰고 뛰고 혼신을 다한
나의 노력 결실이 되어
일상에서 누리는 나날
선 자리가 낙원이 되니
초목들도 어깨 춤추고
산새들도 축하를 하네

 따르럽니다

1. 우리 모두 합장 공경 하옵니다
크고 작은 근심 걱정 씻어주려
우릴 찾아 오셨으니 감사합니다 고맙습니다

2. 우리 모두 손에 손을 맞잡고서
즐거웁게 노래하고 춤을 추며
우리에게 오신 님을 경하합니다 축하합니다

3. 우리들의 깊은 잠을 깨워주셔
영생불멸 낙원의 삶 누리게끔
해주시려 오신 님을 공경합니다 따르럽니다

 지장보살

지장보살 두 눈의 흐르는 눈물
마르실 날 언제일까 생각하고 또 생각해도
이 세상의 사람들이 멀어지게만 하고 있네요
보살님 어찌해야 하오리까
반야의 실천으로 최선 다해 돕는다면
안 되는 일 있으리까
대원본존 지장보살 나무 지장보살
얼씨구나 절씨구나 한 판 놀음 덩실덩실 살
아들 보세

 나는 바보

나는 바보다 나는 바보야
역지사지 알다보니 바보가 되었네
그렇지만 내 주위는 언제나 웃음이 있고
나눔이 있어 행복하다네
나는 나는 그런 바보야
나는 나는 그런 바보야

 옛 고향

고향 옛 고향이 그리워 거니는 산책에
고요한 달빛 휘영청 밝고 밤새는
그 무슨 생각에 저리 부르는 노래인데
숲 타고 온 석종소리에 열리는 옛 내 고향
그리도 캄캄하던 생각들은 흔적도 없고
고요한 마음 옛 고향 털끝만큼도
가리운 것이란 없었는데
어찌해 그 무엇에 어두웠던고 고향길 옛 내 고향
나는 따르리라 끝없는 일이라 하여도
님 하신 구제 고난과 역경
그 어떤 어려움 닥쳐도
님 하시는 일이라면 멈추는 일 없을 것일세
이것만이 보은이라네 보은이라네

곰탱이

곰탱이 곰탱이 미련 곰탱이
세상 사람 요구 따라 다 들어준
사람더러 곰탱이라네
요구 따라 따지지 않고
들어주기 바쁜 이를 놀려대며 하는 말
곰탱이 곰탱이 미련 곰탱아
그리 살다간 끝내는 빌어먹을 쪽박마저
없겠구나 미련 곰탱아
그래도 덩실덩실 추는 춤을
보며 깔깔 웃는 사람들아
웃는 자신 모르니 서글퍼 내 하는 말
한 판의 꿈속이라 천금만금 쓸데없네
깔깔 웃는 그 실체를 자신 삼아 사는 삶이 되길
바라고 바라는 곰탱이 춤이로세

미련 곰탱이

나는 나를 모르는 곰탱이 곰탱이 미련 곰탱이
나라는 나를 보고 듣는 그거라고 보여주듯 일러줌에
동문서답 일관하는 곰탱이 곰탱이 미련 곰탱이
그러므로 성현들의 천하태평 무릉도원 못 누리고
고생고생 살아가는 곰탱이 곰탱이 미련 곰탱이
그런 삶을 면하려면 나라는 나를 깨달아라
자상하게 이끈 말씀 이행 못한 곰탱이 곰탱이 미련 곰탱이
귀천 없이 이끌어서 선 자리가 안양낙원 되게 하신
말씀을 이행 못한 곰탱이 곰탱이 미련 곰탱이
궁전 낙을 저버리시고 고행 수도 다하셔서
나란 나를 깨침으로 영생의 낙원으로 이끄셨네
이 기회를 놓친다면 다시 만나기 어려웁고 어려우니
칠야삼경 봉화 같은 그 지혜의 광명 받아
각자 것이 되게 하란 그 말씀을
실행 못한 곰탱이 곰탱이 미련 곰탱이
그 지혜의 이끔 받아 각자 경지 이러-히 되는 날엔
백사 만사 무엇이든 뜻대로 이뤄진다 권한 말씀
실행 못한 곰탱이 곰탱이 미련 곰탱이
눈앞의 그 작은 것 쫓다가 영원한 삶의 낙 놓치지 않으려면
나란 나를 꼭 깨달으란 귀한 말씀
실행 못한 곰탱이 곰탱이 미련 곰탱이
금구 성언 귀담아듣지 않고 흘려듣다간
백 년도 못 채운 후회막심 삶 되리니
새겨듣고 새겨들어 실천하란 그 말씀
실행 못한 곰탱이 곰탱이 미련 곰탱이
실천하여 깨닫고 박장대소 하는 날엔
삼세 성현 모두모두와 곰탱이 곰탱이가
누리 안은 광명 놓네 누리 안은 광명 놓아 삼창을 할 거라네

부처님의 말씀

부처님 말씀은 하나하나 자비더라
그러기에 불자들은 온화하고 선하더라
부처님 가르치는 이치는 흐르는 물이고
서늘한 산바람이며 봄꽃 향기요
심금을 울리는 연주요 노래요
포근한 어머니의 사랑이더라
바다처럼 넓고 넓은 자비의 품이더라
포근하고 온화한 그 가르침 하나하나
이치에 어긋남이 없으신 진실이더라
모두모두 다 함께 우리 모두 닮자구요
모두모두 다 함께 우리 모두 닮자구요
모두모두 다 함께 우리 모두 닮자구요
어쩌다 어쩌다 이런 가르침을 만났는지
이 다행 이 요행 헛되이 하지 않아
이 생에 깨달아서 이 크고 큰 은혜
갚는 일에 소홀하지 않으리라
감사합니다 감사합니다 우리 부처님
당신의 후예들마저도 유일하게
전쟁 같은 일들은 일으키지 않습니다
사랑하라 하면서 용서하라 하면서
사람이 사람을 죽이는 일
파리 목숨 취급하듯 하는 일이
있어서야 되겠습니까
혹시라도 이런 일이 종교에 있어서는
절대로 안 되는 일이라 믿습니다
관세음보살 나무아미타불
우리 모두 서로가 서로를 아끼고
사랑합시다 사랑합시다 사랑합시다

즐겁게 살자

나를 찾아 행복을 찾아
내면 향한 명상으로 비춰보며
오늘도 최선을 다한 하루해가 저가네
노을빛 곱게 물이 들고 내 꿈도 이뤄져간다
생각만 하여도 보람찬 미소를 짓는다
세상만사 별것이더냐
서로서로 도와가며 살면서
틈틈이 내면 향한 명상으로
몸 건강 마음 건강 챙기며 사노라면
참나 깨친 박장대소도 짓고
세상 고별 마음대로 하는 날도 있을 걸세
그런 날을 기대하며 일하고 명상하며
하루하루 즐겁게 살자

행복이란

즐거웁게 즐겁게
살아가면 좋잖아
한 번뿐인 인생인데
모두 활짝 웃어요
신이 나게 웃어요
행복이란 돈과 직위에
있는 것 아니라네
행복이란 그 어떤 마음으로
사느냐에 있다네
다 같이 다 같이 웃어들 봐요
그 웃음 타고 행복이 오네
짧은 인생살이 이렇게
만들어가며 살아들 보세

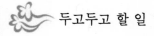 ## 두고두고 할 일

아미타불 사유를 깊이깊이 하여서
하늘땅 생긴 이래 오늘에 이르도록
크나큰 은산철벽 너머 일처럼
까마득히 모르던 나를 깨달았으나
모양 빛깔 없어서 쥐어줄 수도
보여줄 수도 없는 일이라서
입은 옷 뒤집어 보이듯 못하니 한이구나
그러나 보고 듣고 하는 바로 그것이니
마음눈을 활짝 열어 듣는 그곳 향해 살펴봐요, 살펴봐
하늘땅이 간 곳 없고 자신까지 사라진 데서
듣고 아는 그것 내가 아니던가
깊이깊이 참구해서 참나 찾아 결정신을 내리게나
다생겁의 윤회 중에 몸종 노릇 허사란 걸 경험하지 않았던가
그 깨달음에 비추어 세상 일에 응해가며
보림수행하는 일에 방심하지 않아서
구경각을 성취 후에 모든 류를 구제해서
큰 불은 갚음만이 두고두고 할 일일세, 두고두고 할 일일세

화엄의 세계

1. 각자 마음 깨닫고 봐요
누리 그 모두가 장엄이네 장엄, 빛의 장엄
어느 하나 마음의 장엄 아닌 게 없네, 없어
다함 없고 끝이 없는 보고 듣는 마음 하나 바로 쓰면
이대로가 무릉도원 화엄의 세계로세

2. 보고 듣고 느끼고 생각하는
그 모든 것 장엄이네 장엄, 빛의 장엄
어느 하나 빛의 장엄 아닌 게 없네, 없어
다함 없고 끝이 없는 보고 듣는 마음 하나 바로 쓰면
이대로가 화장세계 장엄의 세계로세

일체유심조

듣는 나를 내가 보니
바탕 없는 그 몸에

갖은 묘용 지녀 있어
오고 감은 물론이요

일체 모두 지어내고
그걸 또한 응용하여

자유자재 그 능력
못하는 것 하나 없네

온 누리에 펼쳐놓고
어울려 누려사세

이리 좋은 자기능력
전혀 몰라 헤매이는

세상 사람 갖은 고통
몸종 노릇 결과이니

마음 나된 삶으로써
억겁 굴레 벗어나서

맘이 지닌 능력회복
한시 빨리 이루어서

영원한 본래 삶을
같이 누려 살아 가세

(아리랑후렴)

함께 이뤄 누립시다
함께 이뤄 누립시다

어화둥둥 좋고 좋아
얼씨구나 좋고 좋다

이 마음이 내가 된 삶
이렇게도 상상밖에

달라질 수 있을까-
너무나도 달라져서

내자신이 놀라웁고
놀라워서 뭐라못해

조용하고 차분함 속
이 즐거움 말로 못해

온 누리를 선 자리서
볼 수 있는 능력이여

과거일을 알 수 있고
미래일을 예감하는

지혜능력 갖춰있어
실수란 것 없는 삶-

꿈 세계도 창조하는
모두 지닌 능력이니

뜻 있으면 가능하니
이 아니 전능한가

(아리랑 후렴)

전능으로 베풀어서
모두 함께 즐겨가며

후세들을 깨우는 낙
함께 하는 삶이니

이 아니들 좀도 좋고
얼씨구나 좋고 좋다

이 능력과 이 힘이면
온 세상을 바꿔 놓는

그 어떠한 일이라도
어려울게 뭐 있으리

뜻있으면 길이 있고
길있으면 하면 되는

이리 좋은 그 방법이
맘이 나된 그거로세

이리 좋은 길을 두고
안할 사람 뉘 있으리

이 일만이 길이길이
행복누릴 길이로세

넓고 넓은 누리 정원
펼쳐 놓고 모두 함께

손에 손을 서로잡고
함께 누린 삶으로써

일상이 된 이런 삶이
맘이 나 된 결과로세

이런 일을 아니하고
그 무엇을 할것인가

모두 모두 맘이 나된
그 일 실천 꼭 하여서

태평세월 함께 누린
그런 삶을 누려보세

얼씨구나 좀도 좋고
절씨구나 좋고 좋다

(아리랑 후렴)

🌸 내 마음 내가 된 삶

내 마음 내가 된 삶
모두들 살아봐요

신기하고 신기하다
신기하고 신기해
(세번 반복)

내 마음 내가 되니
영원한 삶이로세

신기하고 신기하다
신기하고 신기해
(세번 반복)

내 마음 내가 되니
안되는 일 없구나

신기하고 신기하다
신기하고 신기해
(세번 반복)

(아리랑 후렴)

꿈 세계도 창조한데
무엇인들 안될건가

신기하고 신기하다
신기하고 신기해
(세번 반복)

원근거리 상관없이
동시에 이르르니

신기하고 신기하다
신기하고 신기해
(세번 반복)

산하석벽 걸림 없이
자유로이 오고가니

신기하고 신기하다
신기하고 신기해
(세번 반복)

(아리랑 후렴)

상대방의 마음도
읽어낼 수 있으니
그 아니 신기한가

신기하고 신기하다
신기하고 신기해
(세번 반복)

과거 현재 미래 일을
앞 일처럼 아는 능력

신기하고 신기하다
신기하고 신기해
(세번 반복)

내 마음 내가 되면
이런 자유 누려사니
그 아니 신기한가

신기하고 신기하다
신기하고 신기해
(세번 반복)

온 누리의 모든 사람
이 행복을 같이 누려
살아들 봅시다

신기하고 신기하다
신기하고 신기해
(세번 반복)

아리랑 아리랑 아라리요
아리랑 고개로 넘어간다

좀도 좋다

듣는 나를 알지 못해
생활하는 그 가운데
알고파서 명상한데

어허 참말 이럴수가
창피하고 창피하다
창피하고 창피해-

듣는 그 곳 살펴보면
허공처럼 텅텅비어
어찌해야 옳을지를

어허 참말 이럴수가
창피하고 창피하다
창피하고 창피해-

허공처럼 비었으나
그게 듣고 대답하니
그게 바로 내 아닐까

어허 참말 이럴수가
창피하고 창피하다
창피하고 창피해-

그러다가 깨달으니
나고 죽음 본래없는
온통 온통 나로구나

얼씨구야 절씨구야
좀도 좋고 좀도 좋다
좀도 좋고 좀도 좋아

맘이 나 된 삶을 사니
낙원 따로 없는 것을
멍청하게 살았구려

얼씨구야 저절시구
좀도 좋고 좀도 좋다
좀도 좋고 좀도 좋아

꿈의 세계 창조했던
그 능력은 오직 하나
맘이 나된 때문일세

얼씨구야 저절시구
좀도 좋고 좀도 좋다
좀도 좋고 좀도 좋아

이 마음이 내가 되니
천리 만리 시차없고
아니된 일 전혀 없네

얼씨구야 저절시구
좀도 좋고 좀도 좋다
좀도 좋고 좀도 좋아

낙원의 삶 이 아닌가
영원의 삶 이 아닌가
맘이 나 된 삶을 사세

얼씨구야 저절시구
좀도 좋고 좀도 좋다
좀도 좋고 좀도 좋아

🌸 그 말씀

1. 님들의 고구정녕 그 말씀 맘에 새기세
그러면 오는 날엔 행복을 누리며
이웃들을 도우며 살리
개미처럼 개미처럼 개미처럼
개미처럼 개미처럼 개미처럼
개미처럼 개미처럼 개미처럼
이것저것 논하려 하지 말고 서로가
서로를 도와 세상을 이끄는 데 노력하면
이 세상의 그 어떠한 일일지라도
못 이룰 일 없을 것일세
꿀벌처럼 꿀벌처럼 꿀벌처럼
꿀벌처럼 꿀벌처럼 꿀벌처럼
꿀벌처럼 꿀벌처럼 꿀벌처럼

2. 님들의 가르침을 실행한 덕으로써
마음에 갖추어진 갖가지 능력을
부려 써서 누리는 삶을
개미처럼 개미처럼 개미처럼
꿀벌처럼 꿀벌처럼 꿀벌처럼
더불어 함께하면 별유천지 눈앞에 일이로세
이 모든 것이 참고 참아 극복해 이겨냈던
그 공덕의 결실이로세 그 공덕의 결실이로세
구름위의 백학처럼 구름위의 백학처럼 구름위의 백학처럼
함께누려 살아가세 함께누려 살아가세 함께누려 살아가세

웃고 살자

1. 아하하하 우습다 아하하하 우스워
제 그림자 모르고 저라 하는 사람 보고 아니 웃고 울랴
아하하하 우습다 아하하하 우스워(3번 반복)
여섯 도적 종노릇에 헌신하는 사람 보고 아니 웃고 울랴
아하하하 우습다 아하하하 우스워
저승세계 코앞인데 대비 없는 사람 보고 아니 웃고 울랴
아하하하 우습다 아하하하 우스워(3번 반복)
참나 찾지 아니하고 허송하는 사람 보고 아니 웃고 울랴
아하하하 우습다 아하하하 우스워(3번 반복)
아리랑 아리랑 아라리요
아리랑 고개를 넘어간다
나를 버리고 가시는 님은
십 리도 못 가서 되돌아온다

2. 즐겁고도 즐겁다 즐겁고도 즐거워(3번 반복)
좋은 인연 있었던가 거룩한 이 만나서 참나 찾은 이 행운이
즐겁고도 즐겁다 즐겁고도 즐거워(3번 반복)
이 행운을 나 혼자서 누리기에 아쉬워 인도하려 나섰는데
아리랑 아리랑 아라리요 아리랑 아리랑 아라리가 났네
즐겁고도 즐겁다 즐겁고도 즐거워(3번 반복)
영원한 나 찾음으로 한순간에 성취한 낙원의 삶 권하나니
즐겁고도 즐겁다 즐겁고도 즐거워(3번 반복)
우리 모두 다 함께 얼싸안고 누리는 그런 세상 노력하세
즐겁고도 즐겁다 즐겁고도 즐거워(3번 반복)
아리랑 아리랑 아라리요
아리랑 고개를 넘어간다
청천 하늘엔 잔별도 많고
이내 가슴엔 희망도 많다

서로서로 나누면서

버들 푸르고 꽃 만발하고 나비 춤이더니
녹음이 우거지고 매미들의 노래 가득한 천지
울긋불긋 고운 단풍 어제인 듯한데 눈이 오네
우리 모두의 삶 저러하고 저렇지 않던가
보기도 아까웁고 소중한 형제 자매들이니
서로서로 나누면서 짧은 우리네 삶을 즐김으로 살아가세

사람 사는 이치

이 세상 사람들 사는 것
농부들 농사를 짓는 것과
조금도 다를 바 없는 이치이니
여러분 귀 기울여 들어보시오
얼씨구나 좋네 지화자 좋네 아니아니 그러한가

봄이 되면 깊이깊이 간직해 둔 씨곡식을
꺼내다 땅을 파고 다듬어서 골을 파고 뿌린 후에
오뉴월 젬더위에 구슬땀을 흘리면서
김을 매어 가꾸는 것은 엄동설한 추운 날에
사랑하는 부모님과 아내 자식들 모두
잘 지내게 하려는 깊은 뜻에서라네
얼씨구나 좋네 지화자 좋네 아니아니 그러한가

어떤 이가 말을 하기를 늘 현재만을 즐겁게 살자
강변함을 보았는데 좋은 말이기는 하지만
그 말은 자칫하면 희망이 없는 잘못된 말이라네
그러므로 내일을 위하여 오늘의 어려움을 즐기면서
밝게밝게 살아갑시다
얼씨구나 좋네 지화자 좋네 아니아니 그러한가

 **불법 공부**

1. 이 세상 사는 분들게
권하오니 나를 찾는
이뭐꼬 화두 공부를
곰곰이 챙기고 챙겨
쉬지 않고 하다보면
하늘땅도 흔적 없이
사라지고 몸 없는 내가
환한 웃음 짓는 날이
있을테니 결정신을
내리어서 우리 함께
길이길이 누립시다

2. 불법 만난 이 다행을
그 무엇과 비교하랴
이 다행을 만났을 때
최선 다한 실행으로
금생에서 크게 깨쳐
불보살님 칭찬 받는
오후보림 필히 마쳐
중생 다한 그때까지
님의 은혜 갚을 것을
굳은 의지 맹서로써
다짐하고 다짐하세

3. 때가 없고 장소 없이
뜻을 따라 이뤄지는
이리 좋은 세상살이
본래부터 갖춰짐을
누리는 삶 우리 모두
일심동체 그리 되어
이 생 저 생 할 것 없이
얼씨구나 절씨구나
노래하고 춤도 추며
천생만생 누립시다
길이길이 누립시다

 **좋구나**

좋구나
이곳이 어때서
낙원에 장소가 있나요

마음이 착하면
선 곳이 무릉도원
이런 삶이 참 삶이라네

미소를 지으며
손에 손을 잡고서
태평가를 모두들 불러요

우리들 이렇게 서로 만나 사는 것
백겁천생 인연이라네

세월아 맞춰라
내 즐기고 즐기며
함께하는 이들에게 위로를 하려네

 **나는 바보**

나는 바보다 나는 바보야
역지사지 알다보니 바보가 되었네
그렇지만 내 주위는 언제나 웃음이 있고
나눔이 있어 행복하다네
나는 나는 그런 바보야
나는 나는 그런 바보야

영원한 행복 찾기

 불법

1. 사람 사람마다
지닌 그 마음이
내가 된 삶으로
살아 가노라면
자연 알게 되네

둥글고 둥글게
모남없이 살자
(세번 반복)

마음 먹은대로
하고 싶은대로
척척 이뤄지고
꿈을 창조하던
능력 부린 날도
멀지 않으리니

둥글고 둥글게
모남없이 살자
(세번 반복)

노력 실천 다해
영원한 삶으로
영원한 행복을
함께 누려보세
함께 누려보세

둥글고 둥글게
모남없이 살자
(세번 반복)

2. 사람 사람마다
맘을 깨달아서
맘이 내가 되면
평등 그 자체라
자연인이 되어

둥글고 둥글게
모남없이 살자
(세번 반복)

서로 어울려서
나눈 인간미들
행복 그 자체며
오간 말들마다
온화한 그 체취

둥글고 둥글게
모남없이 살자
(세번 반복)

차별없는 베풂
풍족한 맘이고
가족같은 일상
낙원의 이 삶을
함께 누려보세
함께 누려보세

둥글고 둥글게
모남없이 살자
(세번 반복)

불법은 내게 있어
첫째도 둘째에도
내 삶의 이유이고
내 삶의 온통이며
마음의 광채이고
마음의 자비이며
자비의 실천이고
자비의 일상이며
희망의 꽃밭이고
희망의 피안이며
서원의 동력이고
서원의 자산이며
모두의 태평이고
모두의 영원일세

금강의 노래 1

일 없는 경지인 부처님, 중생 위해
한순간도 쉼 없이 일심전력 쏟으시네.

사위국 기수급고독원서 1250명의 비구
들과 계실 때 세존께서 공양 때가 되자
가사 입고 발우 들고 사위성에 들어 차
례차례 비신 후에 본 곳에 오셔 드시고
가사 발우 거둔 다음 발 씻고 자리 펴 앉
으셨네.
이때 장로 수보리 대중 가운데 있다가
자리에서 일어나 오체투지로 앉아 공경
히 합장하고 부처님께 여쭙기를
"희유합니다. 세존이시여. 모든 수행하
는 보살들에게 잘 생각하여 지키게 하시
고 잘 부촉하셨습니다. 그러나 세존이시
여 아뇩다라삼먁삼보리 마음을 내어 어
떻게 머무르며 어떻게 그 마음을 항복시
켜야 합니까?"
"착하고도 착하구나. 수보리야. 네가
말한 대로 여래는 모든 보살들이 잘 생
각하여 지키게 하였고 모든 보살들에게
잘 부촉하였다. 그러나 제삼 청하니 너
희들은 자세히 듣거라. 그대들을 위해
일러주리라.
선남자 선여인들이여, 아뇩다라삼먁삼
보리 마음을 내어 마땅히 이러-히 머물
고 이러-히 그 마음을 항복시켜야 하니
라."

금구성언 말씀대로 실천 다해
내 기어이 성취하여 구류 구제
최선 다해 큰 은혜를 보답하리

"그러하오나 세존이시여, 정말 그렇습
니다만 바라옵건대 보다 더 자세히 듣고
자 하나이다."
부처님께서 수보리에게 말씀하시기를
"모든 보살마하살은 마땅히 이러-히 그
마음을 항복시켜야 하니라. 내가 모든
중생들인 아홉 가지 무리들을 모두 남김
없이 열반에 들게 하여 이러-히 한량없
고 수없고 끝없는 중생을 멸도해서는 진
실로 멸도 얻은 중생이 없어야 하니라.
왜냐하면 수보리야 만일 보살이 아상,
인상, 중생상, 수자상이 있다면 곧 보살
이라 할 수 없기 때문이다.
수보리야, 보살은 마땅히 법에도 머무
름 없이 보시를 해야 하는 것이니 색에
머무름 없이 보시를 해야 하며, 소리나
향기나 맛이나 촉감이나 법에도 머무름
없이 보시를 해야 하니라.
수보리야, 마땅히 보살은 이러-히 보시
를 하여 모든 상에 머무름이 없어야 하
는 것이니, 만약 보살이 상에 머무름 없
이 보시를 하면 그로 인한 복덕은 생각
으로 헤아릴 수 없느니라. 왜냐하면 끝
없는 미래에 누리기 때문이니라.
그대는 어떻게 생각하느냐? 몸과 모
양으로 여래를 볼 수 있겠느냐, 없겠느
냐?"
"볼 수 없습니다. 세존이시여. 몸과 모
양으로는 여래를 볼 수 없습니다. 왜냐
하면 여래께서 말씀하신 몸과 모양은 곧
몸과 모양이 아니기 때문입니다."

"수보리야, 무릇 있는 바 상이 모두 허
망하다고들 하나 만약 모든 상이 상 아
님을 보면 바로 여래를 본 것이니라."

금구성언 말씀대로 실천 다해
내 기어이 성취하여 구류 구제
최선 다해 큰 은혜를 보답하리

수보리가 부처님께 여쭈었다.
"이상과 같은 말씀을 듣고 참답게 믿음
을 낼 중생이 있겠습니까?"
"수보리야, 그런 말을 말라. 내가 열반
한 뒤 오백 세가 지난 후라도 계행을 갖
추고 복을 닦는 사람이 있어서 이 글귀
에 능히 믿는 마음을 내어 이로써 참다
움을 삼을 것이니라.
마땅히 알라. 이 사람은 한 부처님, 두
부처님, 세 부처님, 네 부처님, 다섯 부
처님에게만 선근을 심은 것이 아니라 이
미 한량없는 천만 부처님 처소에서 선근
을 심었기에 이 글귀를 듣고 지극한 한
생각에 깨끗한 믿음을 내니라."

금강반야바라밀
금강반야바라밀
금강반야바라밀

금구성언 말씀대로 실천 다해
내 기어이 성취하여 구류 구제
최선 다해 큰 은혜를 보답하리

금강의 노래 2

일 없는 경지인 부처님, 중생 위해
한순간도 쉼 없이 일심전력 쏟으시네.

수보리가 부처님께 여쭈었다.
"세존이시여, 부처님께서 아뇩다라삼먁
삼보리를 얻으셨다 하나 얻은 바 없습니
다."
"그렇고 그렇다 수보리야. 나에게는 아
뇩다라삼먁삼보리나 그 어떤 조그마한
법도 얻음이 없으니 이를 이름하여 아뇩
다라삼먁삼보리라 하니라.
수보리야 이 법은 평등하여 높고 낮음이
없기에 이를 이름하여 아뇩다라삼먁삼보
리라 하니라. 아도 없고, 인도 없고, 중
생도 없고, 수자도 없이 모든 선법을 닦
아야 곧 아뇩다라삼먁삼보리를 얻느니
라.

금구성언 말씀대로 실천 다해
내 기어이 성취하여 구류 구제
최선 다해 큰 은혜를 보답하리

수보리야 선법이라고 말한 것도 여래가
곧 선법도 아닌 것을 이름하여 선법이
라 할 뿐이니라.
수보리야 만일 어떤 사람이 삼천대천세
계 가운데 있는 모든 수미산왕만 한 일
곱 가지 보배 무더기로 보시한다 해도
이 반야바라밀경의 네 글귀 게송만이라
도 받아 지녀 읽고 외워서 다른 사람을
위하여 설하여 주는 이가 있다면 앞에서
일곱 가지 보배로 보시한 복덕으로는 백

천만억의 일에도 미칠 수 없느니라.
왜냐하면 그 복덕은 끝없는 미래에 누리
기 때문이니라.

다른 사람을 위하여 어떻게 말하여 주겠
느냐?
취할 상이란 것도 없으니 이러-하고 이
러-해서 움직임이 없도록 하라.
왜냐하면 모든 함이 있는 법은 꿈 같고,
허깨비 같고, 물거품 같고, 그림자 같으
며, 이슬 같고, 번개 같아서 마땅히 이
러-히 보아야 하기 때문이니라.

금구성언 말씀대로 실천 다해
내 기어이 성취하여 구류 구제
최선 다해 큰 은혜를 보답하리

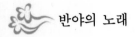 반야의 노래

일 없는 경지인 부처님, 중생 위해
한순간도 쉼 없이 일심전력 쏟으시네

내면 향해 비춰보는 지혜로써 이 몸 공함 바로 보아
나고 죽는 모든 괴로움 벗어나신 관자재의 말씀
들어보오

색이라 하나 공과 다르지 아니하고
공이라 하나 색과 다르지 아니하여
색 그대로 공이고, 공 그대로 색이며
받는 것, 생각하는 것, 행하는 것, 분별도 그렇다네

모든 법의 상도 또한 공했나니
나고 죽음 본래 없고 더럽지도 깨끗지도 아니하며
늘지도 줄지도 않는다네

금구 성언 옳은 말씀
수행이란 힘이 들어도
고비 넘겨 이뤄만 봐요
더 없는 행복을 이루네

공 가운데 색 없어서, 받는 것, 생각하는 것, 행하
는 것, 분별도 없고
눈과 귀와 코와 혀, 몸과 뜻도 없고
빛과 소리, 향기와 맛, 닿는 것과 법도 없어
눈으로 볼 경계 없어 뜻으로 분별할 경계도 없고
무명 없고 무명 다함 또한 없다시네
그러므로 늙고 죽음 없고, 늙고 죽음 다한 것도 본
래 없어
고와 집과 멸과 도도 없다 하고
지혜도 없고 또한 얻음마저 없으니, 얻을 바 없는
까닭이라네

금구 성언 옳은 말씀
이 경지가 힘이 들어도
굽이 넘겨 이뤄만 봐요
영원한 행복을 이루네

보살님들 반야바라밀다를 의지하는 까닭으로
마음에 걸림 전혀 없고
걸림 없는 까닭으로 두려움이 전혀 없어
엎어지고 거꾸러진 꿈결 같은 생각들이
전혀 없어 마침내 열반이라네

삼세 모든 부처님도 지혜로써 저 언덕에 이르
름을 의지한 고로
무상정변정각 이뤘나니 그러므로 알지어다
반야바라밀다는 이러-히 크게 신령한 주며 이
러-히 크게 밝은 주며
이러-히 위없는 주며 이러-히 차별 없는 차별
하는 주라
능히 모든 괴로움을 없앤다 함 진실이지 거짓
없네

아제 아제 바라아제 바라승아제 모지 사바하
아제 아제 바라아제 바라승아제 모지 사바하
아제 아제 바라아제 바라승아제 모지 사바하

금구 성언 옳은 말씀
이 경지를 최선을 다해
이룬다면 끝없는 삶에
영원한 행복을 이루네

치유의 노래

요즈음의 우울증과 가지가지 신경성 질환에 시달리는 사람들
세상에서 들리는 저 모든 소리들을
나의 내면에서 듣는 곳을 향해 비춰보오
쉬운 일은 아니지만 포기하지 않고
듣는 곳을 향해 보고 또 보는 것을
하루 이틀 한 달 두 달 지속하다 보면
어느 날 밖이 없는 고요를 체험하게 될 것일세
얼씨구나 좋네 지화자 좋네 아니아니 그러한가

그 고요를 지속하도록 노력하노라면
어느 날 대상 없는 미소와 동시에 편안함을 체험하게 될 것일세
밖이 없는 이 고요의 편안함을 즐기다 보면
어느 날 밖의 어느 인연을 맞아 그 실체인 자신을 발견할 것일세
이 실체를 발견한 뒤 세상을 살아가는 과정에서
어려운 일이 있으면 바로 그 실체에 비춰 보게
그 어려운 것들이 사라지고 밖이 없는 고요로운 실체의 자신이
대상 없는 미소를 짓게 될 것일세
얼씨구나 좋네 지화자 좋네 아니아니 그러한가

효

1. 아들 딸이 귀엽고 사랑스런 그 속에 우리들의 부모님
어려움에도 끝내 가르치고 기른 정 이제 읽으며
늦은 눈물로써 불초를 뉘우치며 맹세하고 다짐하는
아들 딸이 여기 있으니, 건강히 오래만 사시기를
손 모아 손을 모아 간절하게 바라고 또 바라는
기도를 하옵니다 부모님 입이 귀에 걸리시게 할 겁니다

2. 어렵고도 어려운 보릿고개 그 속에 우리들을 먹이고
가르치느라 정말 그 얼마나 고생이 되셨습니까
허리 두 끈으로 졸라맨 아픔으로 사셨죠
정말정말 오래도록 건강하게만 계셔주신다면
아들 딸을 낳으시고 길러주신 그 노고에 크게 보답할 겁니다
아버님 어머님의 입이 귀에 걸리시게 할 겁니다

🌸 내 말 좀 들어봐요

모두모두 내 말 좀 들어봐요
이 몸이 내가 아니라 이 마음이 나 아닌가
살아가는 생활 속에 명상을 하여
이 맘 찾아 나를 삼아 살아를 봐요
모든 속박 모든 괴롬 벗어나는 아주 좋은 일이니
이제라도 안 늦으니 명상으로 뜻 이루어
영원한 생명, 영원한 행복 우리 모두 누려들 보세
사막화를 막고 사막 경영 시대를 열자

사막화로 급속히 변해가는 이 지구를
방치해선 아니 되네 방치하면
지구가 생긴 이래 최악의 상태 됨은
불을 보듯 뻔한 일일세, 하지만

육십 억의 온 인류가 한 마음 한 뜻 되어
황무지는 돌나물로 푸른 초원 만들고
확장되는 사막화를 배수관의 바닷물로 막는다면
지구가 생긴 이래 가장 살기 좋은 시대를
인류는 맞을 걸세

아리랑 아리랑 아라리요
아리랑 고개를 넘어간다
청천 하늘엔 잔별도 많고
이내 가슴엔 희망도 많다

사막은 지구의 심장

21세기는 사막 경영 시대를 열어
연구에 노력을 다한다면
지상 낙원이 인류에게 달려와서 맞을 걸세

육십 억의 온 인류가 손에 손잡고 한 뜻 되어
사랑하는 마음으로 역경을 헤쳐 나가
사막화를 막고 황무지를 초원으로
살기 좋은 지구촌을 이뤄보세
살기 좋은 지구촌을 이뤄보세

아리랑 아리랑 아라리요
아리랑 고개를 넘어간다
청천 하늘엔 잔별도 많고
이내 가슴엔 희망도 많다

이때 우리는

1. 화산의 폭발로 해서 사람들과 모든 것이 용암펄로 화해버린
이 막막한 우리들을 올바르게 영원으로 끌어주실
성인 중의 성인이신 불보살님 나라에 가 나는 게 꿈이네

2. 태풍이 인가를 덮쳐 다정했던 이웃들은 간 곳 없고
어지러운 벌판 되어 처참하고 참담하기 그지없는 무상한
이 현실에 의지할 분, 생명 밝혀 영원케 한 부처님 뿐이네

3. 지진이 우리의 삶을 삼켜버려 초토화가 되어버린
허망하기 그지없는 우리들의 현실에선 사방천지 둘러봐도
의지해야 할 분은 자신 깨쳐 누리라 한 부처님 뿐이네

잘 사는 비결

참지 못한 결과는 어려움이 닥치고
참고 참는 결과는 좋은 일이 온다네
친구들아 모든 일 힘을 합쳐 맞으면
못 이룰 일 없지만
니 떡 너 먹고 내 떡 나 먹는 그럼 마음 쓴다면
될 일도 아니 된다네
우리 서로 뜻을 합쳐 모두모두 잘 살아보세
이미 이룬 과학문명 선용을 해서 용맹심을 내어
모든 일에 임한다면 행복이 줄을 서서 올 걸세
아리랑 아리랑 아라리요
아리랑 고개를 넘어간다
청천 하늘엔 잔별도 많고
이내 가슴엔 희망도 많다

용서한 결과로는 웃는 날을 맞이하고
베푼 뒤엔 참 좋은 이웃들이 생기네
친구들아 서로들 힘을 합쳐 임하면
못할 일이 없지만
니 떡 너 먹고 내 떡 나 먹는 그런 마음 쓴다면
될 일도 아니 된다네
오늘부터 뜻을 합쳐 우리 한번 잘 살아보세
이미 이룬 과학문명 선용을 해서 용맹심을 내어
모든 일에 임한다면 행복이 줄을 서서 올 걸세
아리랑 아리랑 아라리요
아리랑 고개를 넘어간다
청천 하늘엔 잔별도 많고
이내 가슴엔 희망도 많다

만들자

1. 빌딩숲의 실외기 열
   오고가는 차 배기가스
   사람소리 기계소리를
   원림 속의 새소리와
   개울소리 미풍소리
   그것으로 만들자 만들자 만들자

2. 이익 따져 주고받는
   설왕설래 어지러움
   높고 낮은 금속음들을
   매미소리 물소리와
   노래하는 환경으로
   우리 함께 만들자 만들자 만들자

3. 하늘 맑고 별이 빛난
   조용하고 시상 뜨는
   그런 환경 거닐면서
   손에 손을 마주 잡고
   노래하는 세상으로
   우리 함께 만들자 만들자 만들자

정직하고 착한 마음

1. 정직하고 착한마음
우리모두 실천하면

먼저 가정 화평하고
웃음 꽃에 향내나며

이웃간에 믿음 깊어
서로 소통 이뤄져서

나라위한 일이라면
솔선수범 모두하고

서로 믿는 사회여서
안되는 일 없을걸세

서로 믿고 웃는 사회
우리 모두 힘 모아서
낙원 나라 이뤄내어
세계 이끈 나라 되세

2. 정직하고 착한 행동
우리 모두 실천하면

믿는 마음 두려워져
서로서로 돕게 되고

그리되면 힘 모아서
일일마다 쉬 이뤄져

앞서가는 나라되고
대접받는 국민되어

곳곳에서 우러르는
그런 국민 될 것일세

서로 믿고 웃는 사회
우리 모두 힘 모아서
낙원 나라 이뤄내어
세계 이끈 나라되세

3. 이런 마음 이런 행이
우리 조상 바탕이니

우리 국민 이뤄내어
봉화적인 나라로써

지구촌을 낙원으로
이뤄내는 나라되어

가는 곳곳 두르르는
그런 국민 그런 나라

그런 조상 그런 사상
꽃 피우는 국민 되세

서로 믿고 웃는 사회
우리 모두 힘 모아서
낙원 나라 이뤄내어
세계 이끈 나라 되세

도서출판 문젠(Moonzen Press)의 책들

1. 바로보인 전등록 (전30권을 5권으로)

7불과 역대 조사의 말씀이 1,700공안으로 집대성되어 있는 선종 최고의 고전으로, 깨달음의 정수가 살아 숨쉬도록 새롭게 번역되었다.

464 464 472 448 432쪽.

각권 18,000원

2. 바로보인 무문관

황룡 무문 혜개 선사가 저술한 공안집으로 전등록, 선문염송, 벽암록 등과 함께 손꼽히는 선문의 명저이다.

본칙 48개와 무문 선사의 평창과 송, 여기에 역저자인 대원 선사의 도움말과 시송으로 생명과 같은 선문의 진수를 맛보여 주고 있다.

272쪽. 12,000원

3. 바로보인 벽암록

설두 선사의 설두송고를 원오 극근 선사가 수행자에게 제창한 것이 벽암록이다.

이 책은 본칙과 설두 선사의 송, 대원 선사의 도움말과 시송으로 이루어져, 벽암록을 오늘에 맞게 바로 보이고 있다.

456쪽. 15,000원

4. 바로보인 천부경

우리 민족 최고(最古)의 경전 천부경을 깨달음의 책으로 새롭게 바로 보였다. 이 책에는 81권의 화엄경을 81자에 함축한 듯한 천부경과, 교화경, 치화경의 내용이 함께 담겨 있으며, 역저자인 대원 선사가 도움말, 토끼뿔, 거북털 등으로 손쉽게 닦아 증득하는 문을 열어놓고 있다.

432쪽. 15,000원

5. 바로보인 금강경

대원 선사의『바로보인 금강경』은 국내 최초로 독창적인 과목을 내어 부처님과 수보리 존자의 대화 이면의 숨은 뜻을 드러내고, 자문과 시송으로 본문의 핵심을 꿰뚫어 밝혀, 금강경 전체를 손바닥 안의 겨자씨를 보듯 설파하고 있다.

488쪽. 15,000원

6. 세월을 북채로 세상을 북삼아

대원 선사의 선시가 담긴 선시화집『세월을 북채로 세상을 북삼아』는 선과 시와 그림이 정상에서 만나 어우러진 한바탕이다.
선의 세계를 누리는 불가사의한 일상의 노래, 법열의 환희로 취한 어깨춤과 같은 선시가 생생하고 눈부시게 내면의 소리로 흐른다.

180쪽. 15,000원

7. 영원한현실

애매모호한 구석이 없이 밝고 명쾌하여, 너무
도 분명함에 오히려 그 깊이를 헤아리기 어려
운, 대원 선사의 주옥같은 법문을 모아 놓은
법문집이다.

400쪽. 15,000원

8. 바로보인 신심명

신심명은 양끝을 들어 양끝을 쓸어버리는,
40대치법으로 이루어진, 3조 승찬 대사의 게
송이다. 이를 대원 선사가 바로 번역하는 것
은 물론, 주해, 게송, 법문을 더해 통쾌하게
회통하고 자유자재 농한 것이 이 『바로보인
신심명』이다.

296쪽. 10,000원

9. 바로보인 환단고기 (전5권)

『바로보인 환단고기』 1권은 민족정신의 정수
인 환단고기의 진리를 총정리하여 출간하였
다. 2권에는 역사총론과 태초에서 배달국까
지 역사가 실려 있으며, 3권은 단군조선, 4권
은 북부여에서부터 고려까지의 역사가 실려
있다. 5권에는 역사를 증명하는 부록과 함께
환단고기 원문을 실었다.

344 368 264 352 344쪽.

각권 12,000원

10. 바로보인 선문염송 (전30권)

선문염송은 세계최대의 공안집이다. 전 공안을 망라하다시피 했기에 불조의 법 쓰는 바를 손바닥 들여다보듯 하지 않고는 제대로 번역할 수 없다. 대원 선사는 전 공안을 바로 참구할 수 있게끔 번역하고 각 칙마다 일러보였다.

352 368 344 352 360 360 400 440 376 392 384 428 410 380 368 434 400 404 406 440 424 460 472 456 504 528 488 488 480 512쪽 각권 15,000원

11. 앞뜰에 국화꽃 곱고 북산에 첫눈 희다

대원 선사의 선문답집으로 전강·경봉·숭산·묵산 선사와의 명쾌한 문답을 실었으며, 중앙일보의 〈한국불교의 큰스님 선문답〉 열 분의 기사와 기자의 질문에 대한 대원 선사의 별답을 함께 실었다.

200쪽. 5,000원

12. 바로보인 증도가

선종사에 사라지지 않을 발자취로 남은 영가 선사의 증도가를 대원 선사가 번역하고 법문과 송을 더하였다.

자비의 방편인 증도가의 말씀을 하나하나 쳐가는 선사의 일갈이야말로 영가 선사의 본 의중과 일치하여 부합하는 것이라 아니할 수 없다.

376쪽. 10,000원

13. 바로보인 반야심경

이 시대의 야부(冶父)선사, 대원 선사가 최초로 반야심경에 과목을 붙여 반야심경 내면에 흐르는 뜻을 밀밀하게 밝혀놓고 거침없는 송으로 들어보였다.

264쪽. 10,000원

14. 선(禪)을 묻는 그대에게 (전10권 중 2권)

대원 선사의 선수행에 대한 문답집.
깨달아 사무친 경지에 대한 밀밀한 점검과, 오후보림에 대한 구체적인 수행법 제시와, 최초의 무명과 우주생성의 원리까지 낱낱이 설한 법문이 담겨 있다.

280쪽, 272쪽. 각권 15,000원

15. 바로보인 선가귀감

선가귀감은 깨닫고 닦아가는 비법이 고스란히 전수되어 있는 선가의 거울이라 할 만하다. 더욱이 바로보인 선가귀감은 매 소절마다 대원 선사의 시송이 화살을 과녁에 적중시키듯 역대 조사와 서산대사의 의중을 꿰뚫어 보석처럼 빛나고 있다.

352쪽. 15,000원

16. 바로보인 법융선사 심명

심명 99절의 한 소절, 한 소절이 이름 그대로 마음에 새겨두어야 할 자비광명들이다.
이 심명은 언어와 문자이면서 언어와 문자를 초월한 일상을 영위하게 하는 주옥같은 법문이다.

278쪽. 12,000원

17. 주머니 속의 심경

반야심경은 부처님이 설하신 경 중에서도 절제된 경으로 으뜸가는 경이다. 대원 선사의 선송(禪頌)도 그 뜻을 따라 간략하나 선의 풍미를 한껏 담고 있다. 하루에 한 소절씩을 읽고 참구한다면 선 수행의 지름길이 될 것이다.

84쪽. 5,000원

18. 바로보인 법성게

법성게는 한마디로 화엄경의 핵심부를 온통 훤출히 드러내놓은 게송이다. 짧은 글 속에 일체의 법을 이렇게 통렬하게 담아놓은 법문도 드물 것이다.
이렇게 함축된 법성게 법문을 대원 선사가 속속들이 밀밀하게 설해놓았다.

176쪽. 10,000원

19. 달다 - 전강 대선사 법어집

이제는 전설이 된 한국 근대선의 거목인 전강 선사님의 최상승법과 예리한 지혜, 선기로 넘쳤던 삶이 생생하게 담겨 있는 전강 대선사 법어집 〈 달다 〉!
전강 대선사님의 인가 제자인 대원 선사가 전강 대선사님의 법거량과 법문, 일화를 재조명하여 보였다.
368쪽. 15,000원

20. 기우목동가

그 뜻이 심오하여 번역하기 어려웠던 말계 지은 선사의 기우목동가!
대원 선사가 바른 뜻이 드러나도록 번역하고, 간결한 결문과 주옥같은 선송으로 다시 보였다.
146쪽. 10,000원

21. 초발심자경문

이 초발심자경문은 한문을 새기는 힘인 문리를 터득하게 하기 위하여 일부러 의역하지 않고 직역하였다.
대원 선사의 살아있는 수행지침도 실려 있다.
266쪽. 10,000원

22. 방거사어록

방거사어록은 선의 일상, 선의 누림을 보여주는 대표적인 선문이다. 역저자인 대원 선사는 방거사어록의 문답을 '본연의 바탕에서 꽃피우는 일상의 함'이라 말하고 있다. 법의 흔적마저 없는 문답의 경지를 온전하게 드러내 놓은 번역과, 방거사와 호흡을 함께 하는 듯한 '토끼뿔'이 실려 있다.

306쪽. 15,000원

23. 실증설

이 책의 모태는 대원 선사가 2010년 2월 14일 구정을 맞이하여 불자들에게 불법의 참뜻을 보이기 위해 홀연히 펜을 들어 일시에 써 내려간 이 책의 3부이다. 실증한 이가 아니고는 설파할 수 없는 일구 도리로 보인 이 3부와 태초로부터 영겁에 이르는 성품의 이치를 문답과 인터뷰 법문으로 낱낱이 설한 1, 2를 보아 실증하기를…

224쪽. 10,000원

24. 하택신회대사 현종기

육조대사의 법이 중국천하에 우뚝하도록 한 장본인, 하택신회대사의 현종기. 세간에 지해 종도로 알려져 있는 편견을 불식시키는 뛰어난 깨달음의 경지가 여기에 담겨있다. 대원 선사가 하택신회대사의 실경지를 드러내고 바로보임으로써 빛냈다.

232쪽. 10,000원

25. 불조정맥 - 韓·英·中 3개국어판

석가모니불로부터 현 78대에 이르기까지 불
조정맥진영(佛祖正脈眞影)과 정맥전법게(正
脈傳法偈)를 온전하게 갖춘 최초의 불조정맥
서. 대원 선사가 다년간 수집, 정리하여 기도
와 관조 끝에 완성한 『불조정맥』을 3개국어
로 완역하였다.

216쪽. 20,000원

26. 바른 불자가 됩시다

참된 발심을 하여 바른 신앙, 바른 수행을 하
고자 해도, 그 기준을 알지 못해 방황하는 불
자님들을 위해 불법의 바른 길잡이 역할을 하
도록 대원 선사가 집필하여 출간하였다.

162쪽. 10,000원

27. 누구나 궁금한 33가지

21세기의 인류를 위해 모든 이들이 가장 어
렵고 궁금해 하는 문제, 삶과 죽음, 종교와 진
리에 대한 바른 지표를 제시하고자 대원 선사
가 집필하여 출간하였다.

180쪽. 10,000원

28. 108진참회문 – 韓·英·中 3개국어판

전생의 모든 악연들이 사라져 장애가 없어지고, 소망하는 삶을 살게 하기 위해 대원 선사가 10계를 위주로 구성한 108 항목의 참회문이다. 한 대목마다 1배를 하여 108배를 실천할 것을 권한다.
170쪽. 15,000원

29. 달마의 일할도 허락지 않는다

대원 선사의 짧고 명쾌한 법문집.
책을 잡는 순간 달마의 일할도 허락지 않는 선기와 맞닥뜨리게 될 것이다. 때로는 하늘을 찌를 듯한 기세와, 때로는 흔적 없는 공기와도 같은 향기를 일별하기를…
190쪽. 10,000원

30. 마음대로 앉아 죽고 서서 죽고

생사를 자재한 분들의 앉아서 열반하고 서서 열반한 내력은 물론 그분들의 생애와 법까지 일목요연하게 수록해놓았다.
446쪽. 15,000원

31. 화두 3개국어판 - 韓·英·中

『화두』는 대원 선사의 평생 선문답의 결정판이다. 생생하게 살아있는 선(禪)을 한·영·중 3개국어로 만날 수 있다. 특히 대원 선사의 짧은 일대기가 실려 있어 그 선풍을 음미하는 데에 큰 도움을 주고 있다.
440쪽. 15,000원

32. 바로보인 간당론

법문하는 이가 법리를 모르고 주장자를 치는 것을 눈먼 주장자라 한다. 법좌에 올라 주장자 쓰는 이들을 위해서 대원 선사가 간당론에서 선리(禪理)만을 취하여 『바로보인 간당론』을 출간하였다.
218쪽. 20,000원

33. 완전한 우리말 불공예식법

부처님께 공양을 올리고 불보살님의 가피를 구하는 예법 등을 총칭하여 불공예식법이라 한다. 대원 선사가 이러한 불공예식의 본뜻을 살려서 완전한 우리말본 불공예식법을 출간하였다.
456쪽. 38,000원

34. 바로보인 유마경

유마경은 가히 불법의 최정점을 찍는 경전이라 할 것이니, 불보살님이 교화하는 경지에서의 깨달음의 실경과 신통자재한 방편행을 보여주는 최상승 경전이다. 대원 선사가 〈 대원 선사 토끼뿔 〉로 이 유마경에 걸맞는 최상승법을 이 시대에 다시금 드날렸다.
568쪽. 20,000원

35. 실증설
5개국어판 – 韓 · 英 · 佛 · 西 · 中

대원 선사가 불법의 참뜻을 보이기 위해 홀연히 펜을 들어 일시에 써내려간 실증설! 실증한 이가 아니고는 설파할 수 없는 도리로 가득한 이 책이 드디어 영어, 불어, 스페인어, 중국어를 더하여 5개국어로 편찬되었다.
860쪽. 25,000원

36. 누구나 궁금한 33가지
3개국어판 – 韓 · 英 · 中

누구라도 풀어야 할 숙제인 33가지의 의문에 대한 답을 21세기의 현대인에게 맞는 비유와 언어로 되살린 『누구나 궁금한 33가지』가 한글, 영어, 중국어 3개국어로 출간되었다.
408쪽. 15,000원

37. 달마의 일할도 허락지 않는다
3개국어판 – 韓 · 英 · 中

대원 선사의 짧고 명쾌한 법문집인 『달마의 일할도 허락지 않는다』가 한글, 영어, 중국어 3개국어로 출간되었다. 전세계에서 유일하게 활선의 가풍이 이어지고 있는 한국, 그 가운데에서도 불조의 정맥을 이은 대원 선사가 살활자재한 법문을 세계로 전하고 있는 책이다. 308쪽. 15,000원

38. 화엄경 (전81권 중 33권)

대원 선사는 선문염송 30권, 전등록 30권을 모두 역해하여 세계 최초로 1,463칙 전 공안에 착어하였다. 이러한 안목으로 대천세계를 손바닥의 겨자씨 들여다보듯 하신 불보살님들의 지혜와 신통으로 누리는 불가사의한 화엄세계를 열어 보였다. 각권 15,000원

39. 법성게 3개국어판 – 韓 · 英 · 中

법성게는 한마디로 화엄경의 핵심부를 훤출히 드러내놓은 게송으로 짧은 글 속에 일체법을 고스란히 담아 놓았다. 대원 선사의 통쾌한 법성게 법문이 한영중 3개국어로 출간되었다. 376쪽. 15,000원

40. 정법의 원류

『정법의 원류』는 불조정맥을 이은 정맥선원의 소개서이다. 정맥선원은 불조정맥 제77조 조계종 전강 대선사의 인가 제자인 대원 전법 선사가 주재하는 도량이다. 『정법의 원류』를 통해 정맥선원 대원 선사의 정맥을 이은 법과 지도방편을 만날 수 있다.

444쪽. 20,000원

41. 바로보인 도가귀감

도가귀감은, 온통인 마음[一物]을 밝혀 회복함으로써, 생사를 비롯한 모든 아픔과 고를 여의어, 뜻과 같이 누려서 살게 하고자 한 도교의 뜻을, 서산대사가 밝혀놓은 책이다. 대원 선사가 부록으로 도덕경의 중대한 대목을 더하고, 그 대목대목마다 결문(決文)하였다.

218쪽. 12,000원

42. 바로보인 유가귀감

유가귀감은 서산대사가 간추려놓은 구절로서, 간결하지만 심오하기 그지없으니, 간략한 구절 속에서 유교 사상을 미루어볼 수 있게 하였다. 대원 선사가 그 뜻이 잘 드러나게 번역하고 그 대목대목마다 결문(決文)하였다.

236쪽. 15,000원

법문 MP3를 주문판매합니다

부처님의 78대손이신 농선 대원 전법선사님의 법문 MP3가 나왔습니다. 책으로만 보아서는 고준하여 알기 어려웠던 선문의 이치들이 자세히 설하여져 있어서, 모든 궁금증을 시원하게 풀어줄 것입니다.

- 천부경 : 15,000원
- 신심명 : 30,000원
- 현종기 : 65,000원
- 기우목동가 : 75,000원
- 반야심경 : 1회당 5,000원 (총 32회)
- 선가귀감 : 1회당 5,000원 (총 80회)

- 금강경 : 40,000원
- 법성게 : 10,000원
- 법융선사 심명 : 100,000원

대원 선사님 작사 노래 CD 주문판매합니다

가슴으로 부르는
불심의 노래

1. 서 원 가 (3:36)
2. 반조 염불가 (4:00)
3. 소중한 삶 (2:30)
4. 석가모니불 (4:52)
5. 맹서의 노래 (4:25)
6. 염원의 노래 (3:25)
7. 음성 공양 (3:51)
8. 발 심 가 (3:05)
9. 자비의 품 (4:10)
10. 부처님 은혜(첫 번째) (4:34)

11. 보살의 마음 (3:50)
12. 이 생에 해야 할 일 (3:06)
13. 구도의 목표 (3:18)
14. 님은 아시리 (3:42)
15. 부처님 은혜(두 번째) (4:34)
16. 성중성인 오셨네 (3:10)
17. 내 운제는 내가 풀자 (2:38)
18. 즐거운 밤 (2:27)
19. 관 음 가 (2:46)

• 가격 : 2만원

가슴으로 부르는
불심의 노래 2

1. 부 처 님 (4:01)
2. 열반재일 (3:09)
3. 성도재일 (4:00)
4. 석굴암의 노래 (3:19)
5. 님의 모습 (3:15)
6. 믿고 따르세 (2:55)
7. 신명을 다하리 (4:17)
8. 부처님께 바치는 마음 (3:49)
9. 감사합니다 (3:10)
10. 교 화 가 (4:30)

11. 섬진강 소초 (3:08)
12. 빈 수 개[1] (3:02)
13. 빈 수 가[2] (3:02)
14. 우리분재일 (3:38)
15. 고맙습니다 (2:31)
16. 열음으로 여는 세상 (3:05)
17. 출가재일 (2:44)
18. 염 원 (2:52)
19. 우리네 삶, 고운 수로 (2:35)
20. 숲속의 마음 (2:33)

• 가격 : 1만5천원

문의 전화 ☎ 031-534-3373

유튜브에서 채널 구독하시고
무료로 찬불가 앨범을 감상하세요

유튜브에서 MOONZEN을 검색하시거나
아래의 주소로 접속해주세요

http://www.youtube.com/user/officialMOONZEN

화엄경 34권은 성불사 국제정맥선원
도심 정순옥 본연님, 최남구, 최완섭,
최성민님의 보시에 의해 출간되었습
니다. 이 무량공덕으로 구경성불하시
기를 기원합니다.